Hacking de Ventas: Estrategias para Impulsar tus Resultados

CAMILO ANDRES FRANCO V.

DEDICATORIA

A Ana, Amalia y Emiliano,

Con profundo cariño y gratitud, dedico estas palabras a ustedes, mis pilares y fuentes de inspiración en cada paso de mi camino.

Ana, tu apoyo incondicional y tu sabiduría han sido un faro en los momentos de mi vida, iluminando mi sendero con amor y comprensión. Tu fuerza y determinación son un recordatorio constante de la importancia de nunca rendirse y perseguir nuestros sueños con pasión y coraje.

Amalia, tu bondad infinita y tu amor inquebrantable han sido el sustento de mi alma, nutriendo mi espíritu con tu generosidad y calidez. Tu alegría contagiosa y tu optimismo me recuerdan la belleza de cada día y la importancia de encontrar la felicidad en las pequeñas cosas.

Emiliano, tu energía y tu espíritu han sido un estímulo constante en mi viaje, desafiándome a ir más allá de mis límites y a abrazar el cambio con valentía. Tu visión y tu audacia son un ejemplo de cómo convertir los desafíos en oportunidades y forjar nuestro propio destino.

A cada uno de ustedes, les agradezco por su amor incondicional, su apoyo infinito y su presencia constante en mi vida. Este libro lleva parte de su esencia y su influencia, y es un tributo a nuestra conexión y al poder de la familia.

Que estas páginas inspiren sueños, despierten pasiones y guíen nuestros pasos hacia un futuro lleno de logros y realizaciones compartidas.

Con amor y gratitud eterna, CAMILO

CONTENIDO

1   Introducción   1

2   Entendiendo el Hacking de Ventas   3

3   Construyendo Relaciones Auténticas   66
     con los Clientes

4   Descifrando las Necesidades Ocultas   89
     de los Clientes

5   Utilizando la Psicología de la   97
     Persuasión en las Ventas

6   Comunicación Efectiva en las Ventas   104

7   Superando Obstáculos y Cerrando   110
     Tratos

8	La Importancia de la Motivación y la Resiliencia en las Ventas	123
9	DATA: DISCIPLINA-AUTOGESTION-TALENTO-AMOR	149
10	BONUS: LA ACTITUD	169

1. INTRODUCCION

En el acelerado mundo de las ventas contemporáneas, la habilidad para influir, persuadir y cerrar tratos es crucial. Sin embargo, el enfoque tradicional en la presión y la manipulación ha quedado obsoleto. En su lugar, surge una nueva perspectiva: el hacking de ventas. Este enfoque revolucionario combina la ética y la eficacia, utilizando técnicas innovadoras para maximizar el éxito comercial mientras se ofrece ayuda genuina a los clientes.

Este libro, "Hacking de Ventas: Estrategias de Ayuda para Maximizar tu Éxito", es una guía exhaustiva para todos aquellos que deseen mejorar sus habilidades de venta de manera ética y efectiva. A través de una combinación de principios de hacking ético y técnicas de coaching, exploraremos cómo puedes transformarte en un vendedor excepcional que no solo cierra tratos, sino que también construye relaciones sólidas y duraderas con los clientes.

Desde la comprensión profunda de las necesidades del cliente hasta la aplicación de técnicas de influencia ética, cada capítulo está diseñado para brindarte conocimientos prácticos y estrategias aplicables que te ayudarán a sobresalir en el competitivo mundo de las ventas.

Sin más preámbulos, te invito a sumergirte en las páginas de este libro y descubrir cómo el hacking de ventas puede transformar tu enfoque comercial y llevarte a alcanzar.

2. ENTENDIENDO EL HACKING DE VENTAS

El hacking de ventas representa un enfoque innovador en el mundo de las ventas, que se basa en la idea de entender profundamente las necesidades del cliente y utilizar técnicas éticas para satisfacerlas. En este capítulo, exploraremos los principios fundamentales del hacking de ventas, desde su origen en la cultura hacker hasta su aplicación en el contexto comercial. Discutiremos cómo el hacking de ventas difiere de los enfoques tradicionales y por qué es fundamental para el éxito en las ventas modernas.

En el acelerado y competitivo mundo de las ventas modernas, las estrategias tradicionales ya no son suficientes para destacarse y alcanzar el éxito. El enfoque convencional basado en la presión y la manipulación ha dejado de ser efectivo en un entorno donde los consumidores son cada vez más conscientes y exigentes. Es en este contexto que surge el concepto revolucionario del "Hacking de Ventas".

El hacking de ventas no implica la violación de la ética ni de la ley. Por el contrario, se trata de un enfoque innovador que busca comprender profundamente las necesidades y deseos del cliente, utilizando técnicas creativas y éticas para ofrecer soluciones personalizadas y satisfacer esas necesidades de manera efectiva. En esencia, el hacking de ventas implica el uso inteligente y estratégico de los recursos disponibles para maximizar el éxito en las ventas.

Partes del Hacking de Ventas:

• Comprensión del Cliente:

En el mundo dinámico de las ventas, comprender al cliente es fundamental para el éxito. La comprensión del cliente es mucho más que simplemente conocer su nombre y datos de contacto; implica una inmersión profunda en sus necesidades, deseos, motivaciones y desafíos. En el contexto del hacking de ventas, la comprensión del cliente es una piedra angular que impulsa todas las acciones y decisiones del vendedor. En este apartado, exploraremos en detalle qué implica la comprensión del cliente en el contexto del hacking de ventas y cómo puede convertirse en una ventaja competitiva para los vendedores.

La Importancia de Comprender al Cliente

Comprender al cliente es esencial en cualquier estrategia de ventas efectiva. Sin un conocimiento profundo de quiénes son los clientes y qué los impulsa, es difícil ofrecer soluciones que realmente satisfagan sus necesidades. En el hacking de ventas, esta comprensión se convierte en el punto de partida para todas las actividades de venta. Desde el primer contacto hasta el cierre de la venta y más allá, el vendedor que entiende a su cliente tiene una ventaja significativa sobre aquellos que no lo hacen.

Profundizando en las Necesidades del Cliente

Una parte crucial de comprender al cliente es desentrañar sus necesidades, tanto explícitas como implícitas. Las necesidades explícitas son aquellas que los clientes pueden verbalizar fácilmente: un producto o servicio que están buscando, un problema que necesitan resolver o un objetivo que desean alcanzar. Sin embargo, las necesidades implícitas son más sutiles y a menudo requieren una observación más cercana y una escucha activa por parte del vendedor. Estas pueden incluir deseos no expresados, preocupaciones latentes o expectativas no articuladas.

Escuchando Activamente al Cliente

La escucha activa es una habilidad fundamental para comprender al cliente. Implica mucho más que simplemente oír lo que el cliente está diciendo; se trata de comprender verdaderamente su perspectiva, mostrar empatía y estar completamente presente en la conversación. Al escuchar activamente, el vendedor puede captar pistas verbales y no verbales que revelan las verdaderas necesidades y deseos del cliente, lo que le permite adaptar su enfoque de venta de manera más efectiva.

Observando el Comportamiento del Cliente

Además de escuchar lo que dicen los clientes, también es importante observar cómo se comportan. El comportamiento del cliente puede proporcionar pistas valiosas sobre sus preferencias, prioridades y puntos de dolor. Por ejemplo, un cliente que busca información detallada sobre un producto puede estar interesado en aprender más antes de tomar una decisión de compra, mientras que un cliente que pregunta sobre precios y plazos de entrega puede estar más preocupado por la conveniencia y el valor percibido.

Investigación y Análisis de Mercado

Otra herramienta importante para comprender al cliente es la investigación y el análisis de mercado. Esto implica recopilar y analizar datos sobre el mercado objetivo, incluidas las tendencias de compra, las preferencias del consumidor, la competencia y los cambios en el entorno empresarial. La investigación de mercado puede proporcionar información valiosa que ayuda al vendedor a comprender mejor a su cliente y a adaptar su enfoque de venta en consecuencia.

Construyendo Relaciones de Confianza

La comprensión del cliente no se trata solo de conocer sus necesidades y deseos, sino también de construir relaciones de confianza. Los clientes están más dispuestos a abrirse y compartir información cuando se sienten comprendidos y valorados por el vendedor. Al demostrar empatía, autenticidad y un genuino interés por ayudar al cliente a alcanzar sus objetivos, el vendedor puede establecer una conexión más profunda y duradera que va más allá de una simple transacción comercial.

Adaptando el Enfoque de Venta

Una vez que se ha desarrollado una comprensión sólida del cliente, el vendedor puede adaptar su enfoque de venta para satisfacer las necesidades específicas del cliente. Esto puede implicar personalizar la oferta, ajustar la comunicación y el tono, o incluso modificar el proceso de venta en función de las preferencias individuales del cliente. Al adaptarse de manera proactiva a las necesidades del cliente, el vendedor demuestra su compromiso de ofrecer una experiencia excepcional que va más allá de las expectativas del cliente.

Conclusión

En resumen, la comprensión del cliente es un aspecto fundamental del hacking de ventas. Implica profundizar en las necesidades, deseos y motivaciones del cliente, escuchar activamente, observar su comportamiento, realizar investigaciones de mercado y construir relaciones de confianza. Al comprender verdaderamente a sus clientes, los vendedores pueden adaptar su enfoque de venta de manera más efectiva, ofreciendo soluciones que agregan valor y satisfacen las necesidades individuales del cliente. En última instancia, la comprensión del cliente no solo conduce a una mayor efectividad en las ventas, sino que también fortalece las relaciones con los clientes y establece una base sólida para el éxito a largo plazo.

- **Personalización:**

En el competitivo mundo de las ventas, la personalización emerge como una de las estrategias más poderosas y efectivas. El hacking de ventas, un enfoque innovador que busca comprender profundamente las necesidades del cliente y satisfacerlas de manera ética y efectiva, considera la personalización como un pilar fundamental. En lugar de aplicar tácticas genéricas y unidimensionales, el hacking de ventas reconoce la importancia de tratar a cada cliente como un individuo único, con sus propias necesidades, deseos y preferencias. En este sentido, la personalización se convierte en una herramienta esencial para establecer conexiones sólidas y duraderas con los clientes, y para maximizar el éxito en las ventas.

Entendiendo la Personalización

La personalización en el hacking de ventas va más allá de simplemente dirigirse al cliente por su nombre o enviar correos electrónicos con su información básica. Se trata de comprender verdaderamente quién es el cliente, qué le importa, cuáles son sus desafíos y cómo podemos ayudarlo de la manera más relevante y significativa posible. Aquí hay algunas claves para comprender la importancia y la aplicación de la personalización en el hacking de ventas:

Conocimiento Profundo del Cliente:

La personalización efectiva comienza con un conocimiento profundo del cliente. Esto implica recopilar y analizar datos relevantes sobre el cliente, como su historial de compras, preferencias, comportamiento en línea, interacciones pasadas y cualquier otra información disponible. Cuanto más comprendamos al cliente, mejor podremos adaptar nuestras estrategias de ventas para satisfacer sus necesidades específicas.

Segmentación de Clientes:

Una vez que hemos recopilado datos sobre nuestros clientes, podemos utilizar esta información para segmentarlos en grupos más pequeños con características y necesidades similares. Esto nos permite personalizar nuestras estrategias de ventas y mensajes de marketing para cada segmento de manera más efectiva, abordando sus preocupaciones y ofreciendo soluciones que sean realmente relevantes para ellos.

Mensajes y Ofertas Personalizadas:

La personalización en el hacking de ventas se refleja en los mensajes y ofertas que presentamos a nuestros clientes. En lugar de enviar comunicaciones genéricas y uniformes, adaptamos nuestros mensajes para que se ajusten a las necesidades y preferencias específicas de cada cliente. Esto puede incluir recomendaciones de productos o servicios que se alineen con sus intereses, ofertas especiales diseñadas para ellos o contenido relevante que les ayude a abordar sus desafíos particulares.

Interacciones Contextuales:

Otro aspecto importante de la personalización en el hacking de ventas es la capacidad de adaptarse a diferentes contextos y situaciones. Reconocemos que las necesidades y preferencias de los clientes pueden cambiar dependiendo del momento y el lugar, por lo que nuestras interacciones deben ser lo más contextuales y relevantes posible. Esto puede implicar ajustar nuestro enfoque de ventas según el canal de comunicación utilizado, el momento del ciclo de compra del cliente o cualquier otro factor relevante.

Escucha Activa y Retroalimentación:

La personalización efectiva también implica una comunicación bidireccional con el cliente. Esto significa escuchar activamente sus necesidades, preocupaciones y comentarios, y utilizar esta retroalimentación para mejorar continuamente nuestras estrategias de ventas y ofrecer un servicio más personalizado y satisfactorio. La capacidad de adaptarse y responder a las necesidades cambiantes del cliente es fundamental para el éxito en el hacking de ventas.

Beneficios de la Personalización en el Hacking de Ventas:

La personalización en el hacking de ventas ofrece una serie de beneficios tanto para los clientes como para los vendedores:

- **Mayor Retención de Clientes:** Los clientes son más propensos a permanecer leales a una marca que ofrece experiencias personalizadas y relevantes.
- **Mejor Experiencia del Cliente:** La personalización ayuda a crear una experiencia del cliente más satisfactoria y significativa, lo que puede conducir a una mayor satisfacción y fidelidad.
- **Aumento de las Tasas de Conversión:** Al adaptar nuestras estrategias de ventas a las necesidades individuales de cada cliente, podemos aumentar la probabilidad de que realicen una compra.
- **Diferenciación Competitiva:** La personalización nos permite diferenciarnos de la competencia y destacarnos en un mercado saturado.
- **Generación de Confianza:** Los clientes tienden a confiar más en las marcas que muestran un interés genuino en sus necesidades y preferencias.

conclusión

En resumen, la personalización es una de las claves del hacking de ventas. Al adaptar nuestras estrategias de ventas y mensajes de marketing para que se ajusten a las necesidades y preferencias específicas de cada cliente, podemos establecer conexiones más profundas y significativas con ellos, y maximizar el éxito en las ventas. La personalización no solo beneficia a los clientes al ofrecerles experiencias más satisfactorias y relevantes, sino que también beneficia a los vendedores al aumentar las tasas de conversión, mejorar la retención de clientes y diferenciarse en un mercado competitivo. En última instancia, la personalización en el hacking de ventas no se trata solo de vender más, sino de construir relaciones sólidas y duraderas con los clientes, basadas en la confianza, la relevancia y el valor agregado.

• **Creatividad y Flexibilidad:**

La creatividad en el hacking de ventas implica la capacidad de generar ideas originales e innovadoras para abordar los desafíos y oportunidades que se presentan en el proceso de ventas. Los vendedores creativos están constantemente buscando nuevas formas de destacarse en un mercado saturado, diferenciando sus productos o servicios y captando la atención de los clientes de manera memorable.

Pensamiento Lateral: La creatividad en el hacking de ventas a menudo implica el uso de técnicas de pensamiento lateral, que permiten a los vendedores abordar los problemas desde ángulos inesperados y encontrar soluciones innovadoras. Esto puede implicar la exploración de ideas aparentemente no relacionadas o la combinación de conceptos aparentemente dispares para generar nuevas perspectivas y enfoques.

Brainstorming: Es una herramienta poderosa para fomentar la creatividad en el hacking de ventas. Reunir a un equipo diverso de personas y generar ideas sin censura puede conducir a la generación de soluciones innovadoras y perspicaces para los desafíos de ventas.

Desafiar el Status Quo: Los vendedores que practican el hacking de ventas no tienen miedo de desafiar el status quo y cuestionar las prácticas establecidas. Están constantemente buscando formas de mejorar y evolucionar sus estrategias de ventas, incluso si eso significa desviarse de lo que se considera convencional o tradicional.

Flexibilidad en el Hacking de Ventas:

La flexibilidad en el hacking de ventas implica la capacidad de adaptarse ágilmente a las circunstancias cambiantes del mercado y de los clientes. Los vendedores flexibles están abiertos al cambio y son capaces de ajustar sus enfoques y estrategias según sea necesario para maximizar el éxito en las ventas.

Resiliencia ante la Adversidad: La flexibilidad en el hacking de ventas implica una actitud resiliente ante la adversidad. Los vendedores flexibles son capaces de superar los obstáculos y los contratiempos con determinación y optimismo, buscando oportunidades de aprendizaje y crecimiento en cada desafío.

Adaptación a las Preferencias del Cliente: Los vendedores que practican el hacking de ventas son flexibles en su enfoque hacia los clientes, reconociendo que las necesidades y preferencias de los clientes pueden cambiar con el tiempo. Están dispuestos a ajustar sus estrategias y mensajes de ventas para satisfacer las necesidades cambiantes de los clientes y mantenerse relevantes en un mercado dinámico.

Experimentación y Aprendizaje Continuo: La flexibilidad en el hacking de ventas implica una mentalidad de experimentación y aprendizaje continuo. Los vendedores flexibles están abiertos a probar nuevas ideas y enfoques, incluso si eso significa salirse de su zona de confort. Están dispuestos a aprender de sus éxitos y fracasos, adaptando constantemente su enfoque para mejorar y crecer como profesionales de ventas.

Importancia de la Creatividad y Flexibilidad en el Hacking de Ventas:

La creatividad y la flexibilidad son componentes críticos del hacking de ventas por varias razones fundamentales:

Diferenciación Competitiva: En un mercado saturado, la creatividad y la flexibilidad permiten a los vendedores destacarse de la competencia, ofreciendo soluciones innovadoras y adaptándose rápidamente a las cambiantes demandas del mercado.

Resolución de Problemas: La creatividad y la flexibilidad capacitan a los vendedores para abordar de manera efectiva los desafíos y problemas que surgen en el proceso de ventas, encontrando soluciones creativas y adaptándose dinámicamente a las circunstancias cambiantes.

Conexión con los Clientes: La capacidad de pensar creativamente y adaptarse a las necesidades y preferencias de los clientes permite a los vendedores establecer conexiones más profundas y significativas con su base de clientes, construyendo relaciones de confianza y lealtad a largo plazo.

conclusión

La creatividad y la flexibilidad son elementos esenciales del hacking de ventas que permiten a los vendedores innovar, adaptarse y prosperar en un entorno comercial cada vez más dinámico y competitivo. Al cultivar una mentalidad de creatividad y flexibilidad, los vendedores pueden desbloquear su máximo potencial y alcanzar nuevos niveles de éxito en las ventas.

• Ética y Transparencia:

Ética y Transparencia en las Ventas: Los Pilares del Hacking de Ventas

En el vertiginoso mundo de las ventas contemporáneas, la ética y la transparencia han emergido como pilares fundamentales para el éxito a largo plazo. El hacking de ventas, como enfoque revolucionario, abraza y promueve estos principios, reconociendo su importancia vital en la construcción de relaciones sólidas y duraderas con los clientes. Revisaremos a fondo el concepto de ética y transparencia en las ventas dentro del contexto del hacking de ventas, destacando su significado, impacto y aplicación práctica.

Importancia de la Ética y la Transparencia

En el pasado, las tácticas de ventas manipuladoras y engañosas eran lamentablemente comunes. Los vendedores se centraban en cerrar la venta a cualquier costo, incluso si esto significaba distorsionar la verdad o presionar al cliente más allá de sus límites. Sin embargo, con la evolución de las expectativas del consumidor y el acceso a la información, esta mentalidad ha cambiado radicalmente.

La ética y la transparencia se han convertido en elementos esenciales para construir relaciones de confianza con los clientes. En un mundo donde la reputación de una empresa puede ser construida o destruida en cuestión de minutos en las redes sociales, la honestidad y la integridad se han vuelto imperativos no negociables.

Principios del Hacking de Ventas: Ética y Transparencia

Construcción de Confianza:

El hacking de ventas reconoce que la confianza es la moneda más valiosa en cualquier relación comercial. Los vendedores éticos entienden que la confianza se gana a través de la coherencia entre las palabras y las acciones. Por lo tanto, se esfuerzan por cumplir con lo prometido y ser transparentes en todas sus interacciones con los clientes.

Honestidad en la Comunicación:

La comunicación honesta es fundamental para el éxito en el hacking de ventas. Los vendedores éticos evitan exageraciones y promesas vacías, optando en cambio por una comunicación clara y sincera. Reconocen que la transparencia en la comunicación establece las bases para relaciones duraderas y mutuamente beneficiosas con los clientes.

Respeto por el Cliente:

Los vendedores que practican el hacking de ventas muestran un profundo respeto por sus clientes. Reconocen la autonomía del cliente para tomar decisiones informadas y respetan sus necesidades y preferencias individuales. En lugar de presionar al cliente para que compre, se esfuerzan por entender sus necesidades y ofrecer soluciones que realmente agreguen valor.

Cumplimiento Ético:

El hacking de ventas implica el compromiso de cumplir con los más altos estándares éticos en todas las transacciones comerciales. Los vendedores éticos se adhieren a las leyes y regulaciones aplicables, evitando prácticas comerciales cuestionables o engañosas. Entienden que el éxito a corto plazo no puede justificar comportamientos poco éticos que podrían dañar la reputación de la empresa a largo plazo.

Transparencia en las Relaciones Comerciales:

La transparencia es una piedra angular del hacking de ventas. Los vendedores éticos son abiertos y transparentes en todas sus interacciones con los clientes, desde la presentación de productos y servicios hasta la fijación de precios y las políticas de devolución. Reconocen que la transparencia fomenta la confianza y fortalece la relación con el cliente a lo largo del tiempo.

Aplicación Práctica de la Ética y la Transparencia en las Ventas

Escucha Activa:

Practicar la escucha activa es fundamental para entender las necesidades y preocupaciones del cliente. Los vendedores éticos dedican tiempo y atención a escuchar las inquietudes del cliente, demostrando empatía y comprensión en cada interacción.

Divulgación Clara y Completa:

Cuando se trata de productos o servicios, la divulgación clara y completa es esencial. Los vendedores éticos proporcionan a los clientes información precisa y detallada sobre los productos, incluidos sus beneficios, características y posibles limitaciones.

Manejo Ético de Objeciones:

En el proceso de ventas, es probable que surjan objeciones por parte del cliente. Los vendedores éticos abordan estas objeciones de manera honesta y respetuosa, proporcionando información adicional o soluciones alternativas según sea necesario.

Prácticas de Precios Transparentes:

La fijación de precios transparente es fundamental para construir confianza con los clientes. Los vendedores éticos explican claramente los factores que influyen en los precios y están dispuestos a justificar el valor de sus productos o servicios.

Compromiso con la Mejora Continua:

Los vendedores éticos están comprometidos con la mejora continua de sus prácticas comerciales. Están abiertos a recibir retroalimentación de los clientes y a realizar ajustes según sea necesario para garantizar una experiencia positiva para el cliente en todo momento.

Conclusión

la ética y la transparencia son pilares fundamentales del hacking de ventas. Los vendedores éticos reconocen que la construcción de relaciones sólidas y duraderas con los clientes se basa en la confianza y la integridad. Al practicar la ética y la transparencia en todas sus interacciones comerciales, los vendedores pueden no solo ganarse la lealtad del cliente, sino también contribuir a la reputación y el éxito a largo plazo de su empresa

• Enfoque en el Valor:

La Piedra Angular del Hacking de Ventas

En el mundo de las ventas modernas, el enfoque en el valor se ha convertido en un principio fundamental para alcanzar el éxito a largo plazo. En el contexto del hacking de ventas, este enfoque cobra aún más relevancia. En lugar de centrarse únicamente en cerrar la venta, los vendedores que practican el hacking de ventas comprenden la importancia de ofrecer un valor real a sus clientes. No sumergiremos a profundidad el concepto de enfoque en el valor dentro del marco del hacking de ventas, destacando su significado, impacto y aplicación práctica.

La Importancia del Valor en las Ventas

El valor es la esencia misma de cualquier transacción comercial exitosa. Cuando los clientes perciben que están recibiendo un valor genuino por su inversión, están más inclinados a comprometerse y a establecer relaciones comerciales a largo plazo. En un mercado saturado de opciones, el valor se ha convertido en un diferenciador crucial que distingue a las marcas líderes de la competencia.

El enfoque en el valor va más allá de simplemente ofrecer productos o servicios; implica comprender profundamente las necesidades y deseos del cliente y ofrecer soluciones que realmente satisfagan esas necesidades. Los vendedores que adoptan este enfoque no solo cierran transacciones, sino que también construyen relaciones sólidas y duraderas con sus clientes, convirtiéndolos en defensores de la marca y generadores de referencias.

Características del Enfoque en el Valor en el Hacking de Ventas

Comprensión Profunda del Cliente:

El enfoque en el valor comienza con una comprensión profunda del cliente. Los vendedores que practican el hacking de ventas se esfuerzan por conocer las necesidades, deseos y desafíos de sus clientes. Realizan investigaciones exhaustivas, realizan preguntas relevantes y escuchan atentamente para entender las motivaciones detrás de las decisiones de compra de sus clientes.

Personalización de las Soluciones:

Una vez que se comprenden las necesidades del cliente, el siguiente paso es ofrecer soluciones personalizadas que agreguen valor real. Los vendedores que practican el hacking de ventas se alejan del enfoque "talla única" y se esfuerzan por adaptar sus ofertas a las necesidades específicas de cada cliente. Esto puede implicar la personalización de productos, la creación de paquetes de servicios a medida o la adaptación de los procesos de entrega para satisfacer las preferencias individuales del cliente.

Enfoque en los Beneficios:

En lugar de simplemente enumerar las características de un producto o servicio, el enfoque en el valor se centra en comunicar claramente los beneficios que estos ofrecen al cliente. Los vendedores que practican el hacking de ventas destacan cómo sus soluciones pueden ayudar al cliente a alcanzar sus objetivos, resolver sus problemas o mejorar su calidad de vida.

Transmisión de Valor Agregado:

Más allá de las soluciones básicas, el enfoque en el valor implica ofrecer valor agregado que vaya más allá de las expectativas del cliente. Esto puede incluir servicios adicionales, recursos gratuitos, garantías extendidas o programas de fidelización diseñados para mejorar la experiencia del cliente y fortalecer la relación con la marca.

Medición y Optimización Continua:

Los vendedores que practican el hacking de ventas entienden la importancia de medir y optimizar continuamente el valor que ofrecen a sus clientes. Utilizan métricas clave como la satisfacción del cliente, la lealtad de la marca y el valor de por vida del cliente para evaluar el impacto de sus estrategias y realizar ajustes según sea necesario.

Aplicación Práctica del Enfoque en el Valor

Construcción de Relaciones a Largo Plazo:

Al ofrecer un valor genuino, los vendedores pueden establecer relaciones sólidas y duraderas con sus clientes. Estas relaciones no se limitan a una única transacción, sino que se convierten en asociaciones a largo plazo basadas en la confianza mutua y el beneficio compartido.

Diferenciación Competitiva:

En un mercado saturado, el valor se convierte en un diferenciador clave que distingue a una marca de la competencia. Los vendedores que practican el hacking de ventas pueden destacarse al ofrecer soluciones innovadoras y altamente valoradas que satisfagan las necesidades específicas de sus clientes de manera única.

Generación de Lealtad del Cliente:

Cuando los clientes perciben que están recibiendo un valor real, están más inclinados a permanecer fieles a una marca a lo largo del tiempo. La lealtad del cliente resultante puede traducirse en ventas repetidas, referencias de clientes y defensa de la marca, contribuyendo así al crecimiento y éxito continuo del negocio.

Impacto en la Rentabilidad:

Si bien el enfoque en el valor puede requerir inversiones adicionales en términos de recursos y esfuerzos, los beneficios a largo plazo pueden ser significativos. Los clientes dispuestos a pagar por un valor genuino tienden a estar menos sensibles al precio y más dispuestos a comprometerse con una marca a largo plazo, lo que puede tener un impacto positivo en la rentabilidad general del negocio.

Conclusión

el enfoque en el valor es un principio fundamental en el hacking de ventas. Al comprender las necesidades del cliente y ofrecer soluciones que realmente agreguen valor a sus vidas o negocios, los vendedores pueden establecer relaciones sólidas, diferenciarse en un mercado competitivo y generar lealtad a largo plazo del cliente. En última instancia, el enfoque en el valor no solo beneficia a los clientes, sino que también impulsa el éxito y la sostenibilidad del negocio a largo plazo.

• Análisis de Datos:

Optimizando Estrategias para el Éxito

En el dinámico y competitivo mundo de las ventas, la capacidad para recopilar, analizar y utilizar datos de manera efectiva se ha convertido en un factor determinante para el éxito. En el contexto del hacking de ventas, el análisis de datos juega un papel crucial al informar y mejorar el proceso de ventas. Vamos a revisar el concepto de análisis de datos en el hacking de ventas, destacando su importancia, metodología y aplicación práctica.

Importancia del Análisis de Datos en el Hacking de Ventas

En el pasado, las decisiones de ventas solían basarse en la intuición y la experiencia del vendedor. Sin embargo, en la era digital actual, la disponibilidad de datos ha transformado la forma en que se abordan las estrategias comerciales. El hacking de ventas reconoce el valor de los datos como un activo estratégico que puede proporcionar información valiosa sobre el comportamiento y las preferencias de los clientes.

El análisis de datos en el hacking de ventas permite a los vendedores identificar patrones, tendencias y oportunidades que de otra manera podrían pasar desapercibidas. Al comprender mejor el mercado y las necesidades de los clientes, los vendedores pueden ajustar sus estrategias de ventas de manera proactiva para maximizar su efectividad y obtener resultados sobresalientes.

Metodología del Análisis de Datos en el Hacking de Ventas

1. **Recopilación de Datos:**
   El primer paso en el análisis de datos es recopilar información relevante sobre el comportamiento y las preferencias de los clientes. Esto puede incluir datos demográficos, historial de compras, interacciones en línea, respuestas a campañas de marketing y cualquier otra información que pueda ser útil para comprender mejor al cliente.

2. **Procesamiento de Datos:**

   Una vez recopilados los datos, es importante procesarlos y organizarlos de manera que sean fácilmente comprensibles y utilizables. Esto puede implicar el uso de herramientas y software de análisis de datos para limpiar, filtrar y estructurar los datos de manera efectiva.

3. **Análisis Exploratorio:**

   El análisis exploratorio es una etapa crucial en el proceso de análisis de datos. Consiste en examinar los datos en busca de patrones, tendencias, correlaciones o anomalías que puedan proporcionar información relevante sobre el comportamiento del cliente y las dinámicas del mercado.

4. **Identificación de Insights:**

   Una vez completado el análisis exploratorio, es importante identificar insights o ideas clave que puedan ayudar a informar las estrategias de ventas. Esto puede implicar la identificación de segmentos de clientes específicos, la evaluación del rendimiento de ciertas campañas de marketing o la detección de áreas de oportunidad para mejorar la experiencia del cliente.

5. **Aplicación de Resultados:**
   El último paso en el proceso de análisis de datos es aplicar los resultados obtenidos para mejorar el proceso de ventas. Esto puede implicar la implementación de nuevas estrategias, la optimización de campañas existentes o la personalización de las interacciones con los clientes en función de los insights identificados.

Aplicación Práctica del Análisis de Datos en el Hacking de Ventas

1. **Segmentación de Clientes:**
   El análisis de datos permite a los vendedores identificar segmentos de clientes con características y necesidades similares. Esto les permite adaptar sus estrategias de ventas y mensajes de marketing para que se ajusten mejor a las preferencias específicas de cada segmento, maximizando así el impacto de sus esfuerzos.

2. **Optimización de Campañas de Marketing:**
   Al analizar los datos de respuesta de las campañas de marketing, los vendedores pueden identificar qué enfoques y canales son más efectivos para llegar a su audiencia objetivo. Esto les permite asignar recursos de

manera más eficiente y optimizar el retorno de la inversión en marketing.

3. **Predicción de Tendencias del Mercado:**
El análisis de datos también puede ayudar a los vendedores a predecir tendencias futuras del mercado y anticipar las necesidades emergentes de los clientes. Al identificar patrones históricos y tendencias actuales, los vendedores pueden ajustar sus estrategias de ventas para capitalizar las oportunidades futuras.

4. **Personalización de la Experiencia del Cliente:**
Utilizando datos sobre las preferencias y comportamientos individuales de los clientes, los vendedores pueden personalizar la experiencia del cliente a través de ofertas y recomendaciones específicas. Esto no solo mejora la satisfacción del cliente, sino que también aumenta las posibilidades de conversión y lealtad a largo plazo.

Conclusiones

En resumen, el análisis de datos desempeña un papel fundamental en el hacking de ventas al proporcionar información valiosa sobre el comportamiento y las preferencias de los clientes. Al recopilar, analizar y utilizar datos de manera

---

• Enfoque en la Experiencia del Cliente:

Elevando el Arte del Hacking de Ventas

En el dinámico y competitivo mundo de las ventas, el enfoque en la experiencia del cliente ha emergido como un pilar fundamental para el éxito a largo plazo. En el contexto del hacking de ventas, este enfoque cobra una importancia aún mayor. En esta entenderemos el concepto de enfoque en la experiencia del cliente dentro del marco del hacking de ventas, resaltando su significado, impacto y aplicación práctica.

Importancia de la Experiencia del Cliente

La experiencia del cliente abarca todos los aspectos de la interacción de un cliente con una empresa, desde el primer contacto hasta la postventa y más allá. En la era digital y social en la que vivimos, donde las opiniones de los clientes pueden influir en la reputación de una marca en cuestión de minutos, la experiencia del cliente se ha convertido en un factor determinante en la percepción de la marca y la lealtad del cliente.

Los clientes no solo buscan productos o servicios de calidad, sino que también valoran la forma en que son tratados durante todo el proceso de compra. Una experiencia positiva puede generar una conexión emocional con la marca y convertir a los clientes en defensores entusiastas, mientras que una experiencia negativa puede resultar en la pérdida de clientes y dañar la reputación de la marca.

Elementos del Enfoque en la Experiencia del Cliente en el Hacking de Ventas

Comprensión Profunda de las Necesidades del Cliente:

El enfoque en la experiencia del cliente comienza con una comprensión profunda de las necesidades, deseos y expectativas del cliente. Los vendedores que practican el hacking de ventas se esfuerzan por conocer a sus clientes a un nivel más profundo, anticipando sus necesidades y adaptando sus estrategias de ventas para satisfacerlas.

Interacciones Personalizadas y Significativas:

Los vendedores que practican el hacking de ventas se esfuerzan por ofrecer interacciones personalizadas y significativas en cada punto de contacto con el cliente. Desde el saludo inicial hasta el seguimiento postventa, cada interacción está diseñada para hacer que el cliente se sienta valorado y apreciado.

Facilidad y Conveniencia:

La experiencia del cliente también se ve influenciada por la facilidad y conveniencia de hacer negocios con una empresa. Los vendedores que practican el hacking de ventas eliminan obstáculos y simplifican los procesos de compra para hacer que la experiencia sea lo más fluida y sin problemas posible para el cliente.

Comunicación Clara y Transparente:

La transparencia y la comunicación clara son fundamentales para una experiencia del cliente positiva. Los vendedores que practican el hacking de ventas mantienen a los clientes informados en cada etapa del proceso de compra, proporcionando información clara sobre productos, precios y políticas de la empresa.

Resolución Proactiva de Problemas:

Cuando surgen problemas o inconvenientes, los vendedores que practican el hacking de ventas se comprometen a resolverlos de manera rápida y proactiva. Reconocen que la forma en que manejan los problemas puede tener un impacto significativo en la percepción del cliente y en su disposición a hacer negocios en el futuro.

Seguimiento y Retroalimentación:

Después de la venta, los vendedores que practican el hacking de ventas continúan cuidando la experiencia del cliente a través de un seguimiento regular y la solicitud de retroalimentación. Están interesados en saber cómo se sienten los clientes acerca de su experiencia y están dispuestos a realizar ajustes según sea necesario para mejorarla.

Aplicación Práctica del Enfoque en la Experiencia del Cliente

Desarrollo de Relaciones a Largo Plazo:

Al ofrecer una experiencia del cliente excepcional, los vendedores pueden establecer relaciones sólidas y duraderas con sus clientes. Estas relaciones van más allá de una transacción única y se convierten en asociaciones basadas en la confianza y el respeto mutuo.

Diferenciación Competitiva:

En un mercado saturado, la experiencia del cliente puede ser un diferenciador clave que distingue a una marca de la competencia. Los vendedores que practican el hacking de ventas pueden destacarse al ofrecer una experiencia excepcional que va más allá de simplemente vender productos o servicios.

Generación de Lealtad del Cliente:

Una experiencia del cliente positiva puede generar lealtad a largo plazo. Los clientes que se sienten valorados y apreciados están más inclinados a regresar a una empresa para futuras compras y a recomendarla a amigos y familiares.

Impacto en la Reputación de la Marca:

La experiencia del cliente puede tener un impacto significativo en la reputación de una marca. Las empresas que se comprometen a ofrecer una experiencia excepcional pueden generar una imagen positiva en la mente de los clientes y destacarse como líderes en su industria.

Conclusión

el enfoque en la experiencia del cliente es un componente fundamental del hacking de ventas. Al reconocer la importancia de cada interacción con el cliente y esforzarse por ofrecer una experiencia excepcional en cada punto de contacto, los vendedores pueden construir relaciones sólidas, diferenciarse en un mercado competitivo y generar lealtad a largo plazo del cliente. En última instancia, el enfoque en la experiencia del cliente no solo beneficia a los clientes, sino que también impulsa el éxito y la sostenibilidad del negocio a largo plazo.

Implementación del Hacking de Ventas:

Ahora que hemos explorado las diferentes partes que componen el hacking de ventas, es importante entender cómo implementar este enfoque en la práctica. Aquí hay algunas estrategias clave que puedes utilizar para comenzar a aprovechar el poder del hacking de ventas en tu propio negocio:

Investiga a Fondo a tus Clientes:

En el ámbito del hacking de ventas, la investigación profunda de clientes es un componente fundamental para el éxito. Comprender verdaderamente a tus clientes va más allá de simples datos demográficos; implica sumergirse en sus necesidades, deseos, desafíos y objetivos.

Importancia de la Investigación Profunda de Clientes

La investigación profunda de clientes es esencial para construir relaciones sólidas y duraderas. Cuando los vendedores comprenden las necesidades y motivaciones de sus clientes a un nivel profundo, están mejor equipados para ofrecer soluciones que realmente satisfagan esas necesidades. Esto no solo conduce a transacciones exitosas, sino que también fomenta la lealtad del cliente a largo plazo y genera referencias positivas.

Métodos de Investigación Profunda de Clientes

Entrevistas Personales:

Las entrevistas personales permiten a los vendedores obtener información directa y detallada sobre las necesidades y preferencias de los clientes. Al interactuar cara a cara, los vendedores pueden hacer preguntas específicas y profundizar en los temas relevantes.

Encuestas y Cuestionarios:

Las encuestas y los cuestionarios son herramientas útiles para recopilar datos cuantitativos sobre las opiniones y preferencias de los clientes. Los vendedores pueden utilizar plataformas en línea para enviar encuestas a sus clientes y analizar los resultados para identificar patrones y tendencias.

Análisis de Datos de Comportamiento:

El análisis de datos de comportamiento implica rastrear y analizar las interacciones de los clientes con la marca a través de diversos canales, como el sitio web, las redes sociales y el correo electrónico. Esto proporciona información valiosa sobre el comportamiento del cliente y sus preferencias.

Grupos de Enfoque:

Los grupos de enfoque reúnen a un grupo selecto de clientes para discutir temas específicos relacionados con la marca o los productos. Los vendedores pueden observar las interacciones y escuchar directamente las opiniones de los clientes, lo que les permite obtener perspectivas profundas y cualitativas.

Beneficios de la Investigación Profunda de Clientes

Personalización de Estrategias de Ventas:

Al comprender las necesidades y preferencias individuales de los clientes, los vendedores pueden personalizar sus estrategias de ventas para satisfacer estas necesidades específicas. Esto aumenta la relevancia de las ofertas y mejora la experiencia del cliente.

Identificación de Oportunidades de Mejora:

La investigación profunda de clientes permite a los vendedores identificar áreas de mejora en sus productos, servicios o procesos de ventas. Al recopilar comentarios directos de los clientes, los vendedores pueden abordar las preocupaciones y resolver los problemas de manera proactiva.

Aumento de la Lealtad del Cliente:

Cuando los clientes perciben que sus necesidades son entendidas y atendidas, están más inclinados a desarrollar una conexión emocional con la marca y a permanecer leales a ella a lo largo del tiempo. La investigación profunda de clientes fortalece esta conexión al demostrar que la marca valora y respeta las opiniones de sus clientes.

Mejora de la Experiencia del Cliente:

Al adaptar las estrategias de ventas según las preferencias y necesidades del cliente, los vendedores pueden mejorar significativamente la experiencia del cliente en todos los puntos de contacto con la marca. Esto puede conducir a una mayor satisfacción del cliente y a relaciones más sólidas a largo plazo.

Implementación Práctica de la Investigación Profunda de Clientes

Establecer Objetivos Claros:

Antes de comenzar la investigación, es importante establecer objetivos claros y definir las áreas específicas que se investigarán.

Seleccionar las Herramientas Adecuadas:

Dependiendo de los objetivos de la investigación, los vendedores deben seleccionar las herramientas y métodos más adecuados para recopilar datos, ya sea a través de encuestas, entrevistas, análisis de datos o grupos de enfoque.

Analizar y Interpretar los Resultados:

Una vez recopilados los datos, es crucial analizar y interpretar los resultados para identificar patrones, tendencias y áreas de oportunidad. Los vendedores pueden utilizar herramientas de análisis de datos para facilitar este proceso.

Implementar Cambios y Mejoras:

Basándose en los hallazgos de la investigación, los vendedores deben implementar cambios y mejoras en sus estrategias de ventas, productos o servicios para satisfacer las necesidades y preferencias de los clientes de manera más efectiva.

En resumen, la investigación profunda de clientes es un componente esencial del hacking de ventas. Al comprender verdaderamente a tus clientes y adaptar tus estrategias de ventas en consecuencia, puedes mejorar la experiencia del cliente, aumentar la lealtad y construir relaciones sólidas a largo plazo que impulsen el éxito de tu negocio.

Personaliza tu Enfoque:

La personalización se ha convertido en una estrategia fundamental para establecer conexiones significativas con los clientes y cerrar negocios exitosos. Dentro del marco del hacking de ventas, la personalización se eleva como un elemento central que permite a los vendedores adaptar sus enfoques para satisfacer las necesidades y deseos únicos de cada cliente. Exploraremos detalladamente el concepto de personalización en el hacking de ventas, destacando su importancia, métodos de implementación y el impacto que puede tener en la experiencia del cliente y los resultados de ventas.

Importancia de la Personalización en las Ventas

La personalización en las ventas se ha convertido en una necesidad imperiosa en un mercado saturado de opciones y competidores. Los clientes buscan experiencias únicas y soluciones adaptadas a sus necesidades específicas. La personalización no solo mejora la experiencia del cliente, sino que también fortalece la relación entre el vendedor y el cliente, generando confianza y lealtad a largo plazo.

Métodos de Implementación de la Personalización

Recopilación de Datos:

El primer paso para personalizar tu enfoque de ventas es recopilar datos relevantes sobre tus clientes. Estos datos pueden incluir información demográfica, historial de compras, preferencias de productos, comportamiento en línea y cualquier otra información relevante que te ayude a comprender mejor a tus clientes.

Análisis de Datos:

Una vez que has recopilado datos sobre tus clientes, es crucial analizarlos para identificar patrones, tendencias y preferencias. El análisis de datos te permite entender qué motiva a tus clientes, qué productos o servicios son más populares y qué oportunidades de ventas pueden estar pasando desapercibidas.

Segmentación de Clientes:

Utiliza la información recopilada para segmentar a tus clientes en grupos más específicos. Esta segmentación te permite crear mensajes y ofertas personalizadas para cada segmento, maximizando así la relevancia y efectividad de tus estrategias de ventas.

Desarrollo de Perfiles de Cliente:

Crea perfiles detallados de tus clientes basados en la información recopilada y analizada. Estos perfiles deberían incluir información sobre las necesidades, deseos, desafíos y objetivos de cada cliente, así como cualquier otra información relevante que te ayude a personalizar tu enfoque de ventas.

Personalización de Mensajes y Ofertas:

Utiliza la información de los perfiles de cliente para personalizar tus mensajes de ventas y ofertas. Adapta tu lenguaje, tono y contenido para que resuenen con las necesidades y preferencias específicas de cada cliente, lo que aumentará la probabilidad de que respondan de manera positiva a tus propuestas.

Impacto de la Personalización en las Ventas

Mejora la Experiencia del Cliente:

La personalización crea una experiencia de compra más relevante y agradable para los clientes, lo que aumenta su satisfacción y fortalece su relación con la marca.

Incrementa las Tasas de Conversión:

Al ofrecer soluciones y recomendaciones específicas para las necesidades individuales de cada cliente, la personalización aumenta la probabilidad de cerrar ventas exitosas y convertir clientes potenciales en clientes reales.

Fomenta la Lealtad del Cliente:

Los clientes aprecian el esfuerzo adicional que se pone en personalizar su experiencia de compra. Cuando se sienten comprendidos y valorados, son más propensos a volver a comprar y a recomendar la marca a otros.

Optimiza el Retorno de la Inversión (ROI):

La personalización no solo mejora la experiencia del cliente, sino que también optimiza el retorno de la inversión al enfocar los recursos en los clientes con mayor probabilidad de convertirse en ventas exitosas.

Ejemplos de Personalización en las Ventas

Recomendaciones de Productos Personalizadas:

Las plataformas de comercio electrónico utilizan algoritmos de recomendación para sugerir productos adicionales basados en el historial de compras y el comportamiento de navegación del cliente.

Comunicaciones Personalizadas:

Las empresas utilizan el correo electrónico, los mensajes de texto y las redes sociales para enviar comunicaciones personalizadas, como recordatorios de compras, ofertas exclusivas y mensajes de cumpleaños.

Ofertas Especiales y Descuentos:

Las empresas ofrecen ofertas especiales y descuentos personalizados a clientes específicos en función de su historial de compras y comportamiento de compra.

Programas de Fidelización Personalizados:

Los programas de fidelización recompensan a los clientes por su lealtad con ofertas y beneficios personalizados, como descuentos exclusivos, envío gratuito y acceso anticipado a nuevos productos.

Conclusiones

La personalización es una estrategia poderosa que permite a los vendedores adaptar sus enfoques para satisfacer las necesidades y preferencias únicas de cada cliente. Al invertir tiempo y recursos en comprender a fondo a tus clientes y personalizar tus mensajes y ofertas en consecuencia, puedes mejorar la experiencia del cliente, aumentar las tasas de conversión y fomentar la lealtad del cliente a largo plazo. En un mercado cada vez más competitivo, la personalización se ha convertido en un diferenciador crucial que puede marcar la diferencia entre el éxito y el fracaso en las ventas.

• Sé Creativo y Flexible:

Implementación del Hacking de Ventas: Sé Creativo y Flexible

La capacidad de ser creativo y flexible es fundamental para destacarse y alcanzar el éxito. En el contexto del hacking de ventas, esta habilidad se convierte en un elemento crucial para adaptarse a un entorno comercial en constante cambio y encontrar soluciones innovadoras que resuenen con los clientes. Exploraremos en detalle el concepto de ser creativo y flexible en la implementación del hacking de ventas, destacando su importancia, características y cómo aplicarlo de manera efectiva en el proceso de ventas.

Importancia de la Creatividad y la Flexibilidad en las Ventas

En un mercado saturado de opciones y con clientes cada vez más exigentes, la creatividad y la flexibilidad son clave para diferenciarse y captar la atención del público objetivo. Los vendedores que practican el hacking de ventas comprenden que las estrategias convencionales a menudo no son suficientes para destacarse en un entorno competitivo. Por lo tanto, adoptan un enfoque más innovador y flexible que les permite adaptarse rápidamente a las necesidades cambiantes del mercado y a las preferencias de los clientes.

Características de la Creatividad y la Flexibilidad en el Hacking de Ventas

Pensamiento Fuera de lo Convencional:

Ser creativo en las ventas implica pensar más allá de las soluciones tradicionales y considerar enfoques no convencionales para abordar los desafíos comerciales. Los vendedores que practican el hacking de ventas están dispuestos a cuestionar el status quo y explorar nuevas ideas que puedan generar resultados excepcionales.

Experimentación Constante:

La creatividad y la flexibilidad van de la mano con la disposición a experimentar y probar nuevas ideas. Los vendedores que practican el hacking de ventas no tienen miedo de fracasar y ven cada desafío como una oportunidad para aprender y crecer. Están abiertos a probar diferentes enfoques y ajustar su estrategia según los resultados obtenidos.

Adaptabilidad a las Circunstancias:

En un entorno comercial en constante evolución, la capacidad de adaptarse a las circunstancias cambiantes es esencial. Los vendedores que practican el hacking de ventas son flexibles en su enfoque y pueden ajustar rápidamente su estrategia para aprovechar nuevas oportunidades o abordar desafíos emergentes.

Creatividad en la Resolución de Problemas:

La creatividad no solo se aplica a la generación de ideas, sino también a la resolución de problemas. Los vendedores que practican el hacking de ventas son hábiles para encontrar soluciones innovadoras a los desafíos comerciales, utilizando recursos limitados de manera creativa para lograr resultados sobresalientes.

Enfoque en la Experiencia del Cliente:

La creatividad y la flexibilidad se aplican no solo a las estrategias de ventas, sino también a la experiencia del cliente. Los vendedores que practican el hacking de ventas buscan constantemente nuevas formas de sorprender y deleitar a sus clientes, ofreciendo experiencias únicas y memorables en cada punto de contacto.

Aplicación Práctica de la Creatividad y la Flexibilidad en el Hacking de Ventas

Exploración de Nuevas Estrategias de Marketing:

Los vendedores que practican el hacking de ventas están constantemente explorando nuevas estrategias de marketing para llegar a su audiencia objetivo de manera efectiva. Esto puede incluir el uso de plataformas digitales emergentes, la creación de contenido innovador o la colaboración con influencers para ampliar su alcance.

Desarrollo de Soluciones Personalizadas:

La creatividad y la flexibilidad se aplican al desarrollar soluciones personalizadas para los clientes. En lugar de adoptar un enfoque genérico, los vendedores que practican el hacking de ventas están dispuestos a adaptar sus productos o servicios para satisfacer las necesidades específicas de cada cliente.

Estrategias de Negociación Innovadoras:

En el proceso de negociación, la creatividad y la flexibilidad son clave para llegar a acuerdos mutuamente beneficiosos. Los vendedores que practican el hacking de ventas buscan soluciones innovadoras que satisfagan las necesidades tanto del cliente como de la empresa, encontrando formas creativas de superar obstáculos y llegar a compromisos satisfactorios.

Implementación de Tecnología Disruptiva:

La tecnología juega un papel crucial en el hacking de ventas, y los vendedores creativos y flexibles están abiertos a adoptar nuevas herramientas y plataformas que puedan mejorar su eficiencia y efectividad en el proceso de ventas. Esto puede incluir el uso de inteligencia artificial, análisis de datos avanzados o herramientas de automatización para optimizar las operaciones de ventas.

Cultura de Innovación y Mejora Continua:

Finalmente, la creatividad y la flexibilidad se fomentan a través de una cultura de innovación y mejora continua en toda la organización. Los vendedores que practican el hacking de ventas están constantemente buscando formas de mejorar y evolucionar, aprovechando el feedback de los clientes y aprendiendo de las experiencias pasadas para impulsar el éxito futuro.

En conclusión, la creatividad y la flexibilidad son elementos esenciales en la implementación del hacking de ventas. Al adoptar un enfoque innovador y estar dispuestos a adaptarse a las circunstancias cambiantes, los vendedores pueden destacarse en un mercado competitivo y ofrecer experiencias excepcionales que resuenen con los clientes. La creatividad y la flexibilidad no solo impulsan el éxito en las ventas, sino que también fomentan una cultura de innovación y mejora continua en toda la organización.

• Ofrece Valor Real:

El enfoque en ofrecer valor real se ha convertido en un principio fundamental para alcanzar el éxito y la sostenibilidad a largo plazo. En el contexto del hacking de ventas, este principio adquiere una relevancia aún mayor. Exploraremos detalladamente el concepto de ofrecer valor real dentro del marco del hacking de ventas, destacando su importancia, estrategias clave y beneficios para los vendedores y los clientes.

Importancia de Ofrecer Valor Real

En un mercado saturado de opciones, los clientes están cada vez más informados y exigentes. Ya no se conforman con simples transacciones; buscan soluciones que aborden sus necesidades de manera efectiva y les brinden un valor genuino. En este sentido, el enfoque en ofrecer valor real se ha convertido en un diferenciador clave que distingue a las marcas líderes de la competencia.

Al centrarse en ofrecer soluciones que realmente agreguen valor a los clientes, los vendedores no solo cierran transacciones, sino que también construyen relaciones sólidas y duraderas con su base de clientes. Esto lleva a la lealtad del cliente, el boca a boca positivo y, en última instancia, al crecimiento sostenible del negocio.

Estrategias para Ofrecer Valor Real

Comprender las Necesidades del Cliente:
El primer paso para ofrecer valor real es comprender profundamente las necesidades, deseos y desafíos del cliente.

Esto implica escuchar activamente, realizar preguntas pertinentes y estar genuinamente interesado en entender la situación y los objetivos del cliente.

Personalizar Soluciones:

Una vez que se comprenden las necesidades del cliente, es crucial personalizar las soluciones para adaptarse a su situación única. Esto puede implicar adaptar productos, servicios o estrategias de ventas para satisfacer las necesidades específicas y las preferencias individuales de cada cliente.

Enfocarse en los Beneficios:

Al presentar soluciones, es importante destacar los beneficios tangibles que ofrecen al cliente. En lugar de simplemente enumerar características, los vendedores deben comunicar cómo sus soluciones pueden ayudar al cliente a alcanzar sus objetivos, resolver problemas o mejorar su situación actual.

Proporcionar Soporte y Servicio Postventa:

El valor real no se limita a la transacción inicial; también incluye el soporte y el servicio postventa. Los vendedores deben estar disponibles para responder preguntas, abordar inquietudes y brindar asistencia continua para garantizar la satisfacción y la lealtad del cliente a largo plazo.

Agregar Valor a través de Recursos Adicionales:

Además de los productos o servicios principales, los vendedores pueden agregar valor ofreciendo recursos adicionales, como contenido educativo, herramientas útiles o acceso a comunidades exclusivas. Estos recursos complementarios agregan valor adicional y fortalecen la relación con el cliente.

Beneficios de Ofrecer Valor Real

Lealtad del Cliente:

Cuando los clientes perciben que están recibiendo un valor genuino, están más inclinados a permanecer leales a una marca a lo largo del tiempo. La lealtad del cliente resultante puede conducir a ventas repetidas, referencias de clientes y una mayor participación en la marca.

Diferenciación Competitiva:

En un mercado saturado, el valor real se convierte en un diferenciador clave que distingue a una marca de la competencia. Los vendedores que se centran en ofrecer soluciones que realmente agreguen valor se destacan como líderes en su industria y ganan la confianza y el respeto de los clientes.

Boca a Boca Positivo:

Los clientes satisfechos son propensos a compartir sus experiencias positivas con amigos, familiares y colegas. El boca a boca positivo puede amplificar el alcance de una marca y generar interés y confianza entre nuevos clientes potenciales.

Crecimiento Sostenible del Negocio:

Al ofrecer valor real, los vendedores pueden construir relaciones sólidas y duraderas con su base de clientes. Esta lealtad del cliente a largo plazo contribuye al crecimiento sostenible del negocio y establece una base sólida para el éxito futuro.

En conclusión, ofrecer valor real es un componente esencial del hacking de ventas. Al centrarse en soluciones que realmente agreguen valor a los clientes, los vendedores pueden diferenciarse en un mercado competitivo, construir relaciones duraderas y generar lealtad del cliente a largo plazo. En última instancia, el valor real no solo beneficia a los clientes, sino que también impulsa el éxito y la sostenibilidad del negocio a largo plazo.

Utiliza Datos para Informar tus Decisiones:

Utiliza Datos para Informar tus Decisiones en el Hacking de Ventas

En el mundo de las ventas modernas, la toma de decisiones informada por datos se ha convertido en una práctica fundamental para el éxito a largo plazo. Los vendedores que practican el hacking de ventas reconocen la importancia de recopilar y analizar datos sobre el comportamiento y las preferencias de sus clientes. Estos datos proporcionan información valiosa que puede utilizarse para identificar oportunidades de mejora y ajustar las estrategias de ventas de manera efectiva. Exploraremos detalladamente el concepto de utilizar datos para informar decisiones en el hacking de ventas, destacando su significado, métodos de recopilación, análisis y aplicación práctica.

Importancia de Utilizar Datos en el Hacking de Ventas

El proceso de toma de decisiones en ventas solía basarse en la intuición y la experiencia del vendedor. Sin embargo, en la era digital, las empresas tienen acceso a una cantidad sin precedentes de datos sobre sus clientes y sus comportamientos de compra. Utilizar estos datos de manera efectiva puede marcar la diferencia entre el éxito y el fracaso en las ventas.

1. **Identificación de Patrones y Tendencias:**
   La recopilación y análisis de datos permiten a los vendedores identificar patrones y tendencias en el comportamiento de compra de los clientes. Esto incluye la frecuencia de compra, los productos o servicios más populares, los momentos de mayor actividad, entre otros aspectos relevantes. Identificar estos patrones ayuda a comprender mejor las necesidades y preferencias del cliente, permitiendo ajustar las estrategias de ventas de manera más precisa.

2. **Personalización de las Estrategias de Ventas:**
   Los datos recopilados sobre los clientes permiten una personalización más profunda de las estrategias de ventas. Con información sobre las preferencias individuales de los clientes, los vendedores pueden adaptar sus

mensajes, ofertas y enfoques de ventas para maximizar la relevancia y la efectividad. Esto conduce a una mayor conexión con el cliente y, en última instancia, a un mayor éxito en las ventas.

3. **Optimización de Recursos:**

   Al comprender mejor las necesidades y comportamientos de los clientes, los vendedores pueden optimizar el uso de sus recursos. Esto incluye la asignación de personal, la planificación de campañas de marketing, la gestión de inventario y la optimización de procesos de ventas. Al utilizar datos para informar estas decisiones, las empresas pueden maximizar su eficiencia y reducir costos innecesarios.

Métodos de Recopilación de Datos en el Hacking de Ventas

Análisis de Datos de Transacciones:

Los datos de transacciones, que incluyen información sobre las compras realizadas por los clientes, son una fuente invaluable de información para los vendedores. Estos datos pueden incluir el tipo de producto comprado, el precio, la frecuencia de compra y el método de pago utilizado.

Encuestas y Cuestionarios:

Las encuestas y cuestionarios son una forma efectiva de recopilar información directa de los clientes. Pueden utilizarse para obtener información sobre la satisfacción del cliente, las preferencias de producto, las experiencias de compra y otros aspectos relevantes para la estrategia de ventas.

Seguimiento del Comportamiento en Línea:

El seguimiento del comportamiento en línea, a través de herramientas como Google Analytics, proporciona información detallada sobre cómo interactúan los clientes con el sitio web de la empresa. Esto incluye datos sobre las páginas visitadas, el tiempo de permanencia en el sitio, las acciones realizadas y las conversiones.

Análisis de Datos y Toma de Decisiones

Una vez recopilados los datos, el siguiente paso es analizarlos de manera efectiva para obtener información relevante y accionable. Esto implica:

Identificación de Patrones y Tendencias:

El análisis de datos permite identificar patrones y tendencias que pueden influir en las decisiones de ventas. Por ejemplo, puede revelar períodos de mayor demanda de ciertos productos o servicios, lo que permite a los vendedores ajustar su inventario y sus estrategias de marketing en consecuencia.

Evaluación del Rendimiento:

El análisis de datos también permite evaluar el rendimiento de las estrategias de ventas implementadas. Al monitorear métricas clave como las tasas de conversión, el valor promedio del pedido y la satisfacción del cliente, los vendedores pueden identificar qué tácticas son más efectivas y ajustar su enfoque en consecuencia.

Aplicación Práctica de Datos en el Hacking de Ventas

Personalización de Ofertas:

Utilizando datos sobre las preferencias individuales de los clientes, los vendedores pueden personalizar sus ofertas para aumentar la relevancia y la efectividad. Esto puede incluir recomendaciones de productos personalizadas, ofertas especiales basadas en el historial de compras del cliente y mensajes de marketing dirigidos.

Optimización de Campañas de Marketing:

Al analizar los datos de respuesta de las campañas de marketing, los vendedores pueden identificar qué tácticas están generando los mejores resultados y ajustar su inversión en consecuencia. Esto puede incluir la asignación de presupuestos a canales específicos, la optimización de mensajes y la segmentación más precisa de audiencias.

Mejora de la Experiencia del Cliente:

Los datos recopilados sobre la experiencia del cliente pueden utilizarse para identificar áreas de mejora y realizar ajustes en los procesos de ventas y atención al cliente. Esto puede incluir la optimización del proceso de compra en línea, la reducción de tiempos de espera y la personalización de la atención al cliente.

Conclusiones

En resumen, el uso inteligente de los datos es una práctica fundamental en el hacking de ventas. Al recopilar y analizar datos sobre el comportamiento y las preferencias de los clientes, los vendedores pueden identificar oportunidades de mejora y ajustar sus estrategias de ventas de manera efectiva. Esto les permite ofrecer soluciones más personalizadas, optimizar el rendimiento de sus campañas de marketing y mejorar la experiencia del cliente en general. Al aprovechar el poder de los datos, los vendedores pueden posicionarse para el éxito en un mercado cada vez más competitivo.

3 CONSTRUYENDO RELACIONES AUTÉNTICAS CON LOS CLIENTES

Construir relaciones auténticas con los clientes es la piedra angular del éxito a largo plazo. En este capítulo, exploraremos en profundidad el concepto de construcción de relaciones auténticas en el contexto del hacking de ventas. Desde la comprensión de la importancia de la autenticidad hasta las estrategias prácticas para cultivar relaciones sólidas, descubriremos cómo este enfoque puede transformar no solo tu carrera como vendedor, sino también la experiencia de tus clientes.

La Importancia de las Relaciones Auténticas en las Ventas

En el entorno altamente competitivo de hoy, los clientes tienen acceso a una amplia gama de opciones y están más informados que nunca. En este contexto, las relaciones auténticas se han vuelto críticas para diferenciarse y destacar en el mercado. Pero, ¿qué significa realmente construir relaciones auténticas con los clientes?

Las relaciones auténticas van más allá de simplemente cumplir con las expectativas del cliente; se trata de establecer conexiones genuinas basadas en la confianza, el respeto y la empatía. Cuando los clientes sienten que están interactuando con vendedores que son auténticos y genuinos, están más inclinados a comprometerse y mantener relaciones a largo plazo.

Los Pilares de las Relaciones Auténticas

Confianza:

La confianza es el fundamento sobre el cual se construyen todas las relaciones auténticas. Los clientes necesitan sentirse seguros de que pueden confiar en ti para satisfacer sus necesidades de manera honesta y confiable. Esto implica cumplir con tus promesas, ser transparente en tus comunicaciones y actuar con integridad en todas las interacciones con los clientes.

Empatía:

La empatía es la capacidad de ponerte en el lugar del cliente y comprender sus necesidades y preocupaciones desde su perspectiva. Al mostrar empatía hacia tus clientes, no solo demuestras que te preocupas por ellos como individuos, sino que también estás mejor equipado para ofrecer soluciones que realmente satisfagan sus necesidades.

Respeto:

El respeto es fundamental en cualquier relación, incluidas las relaciones comerciales. Trata a tus clientes con respeto y cortesía en todo momento, reconociendo su autonomía y valorando su tiempo y opinión. Respeta sus decisiones, incluso si no siempre están alineadas con tus recomendaciones.

Estrategias Prácticas para Construir Relaciones Auténticas

Ahora que hemos explorado los fundamentos de las relaciones auténticas, es importante comprender cómo puedes implementar estos conceptos en tu día a día como vendedor. Aquí hay algunas estrategias prácticas que puedes emplear:

Escucha Activa:

La escucha activa es una habilidad fundamental para construir relaciones auténticas. Dedica tiempo a escuchar verdaderamente a tus clientes, sin interrumpirlos ni anticipar lo que van a decir. Haz preguntas abiertas y demuestra interés genuino en sus respuestas.

Personalización:

Personaliza tus interacciones con los clientes según sus necesidades y preferencias individuales. Utiliza la información que has recopilado sobre ellos para adaptar tu enfoque y ofrecer soluciones que realmente agreguen valor a sus vidas o negocios.

Comunicación Transparente:

La transparencia es clave para construir relaciones basadas en la confianza. Sé honesto y abierto en tus comunicaciones con los clientes, incluso cuando se trata de admitir errores o resolver problemas. La transparencia fortalece la credibilidad y la confianza en la relación.

Valor Agregado:

Busca oportunidades para agregar valor en cada interacción con el cliente. Esto puede incluir brindar información útil, compartir recursos relevantes o proporcionar soluciones creativas a sus desafíos. Cuanto más valore el cliente tus interacciones, más fuerte será la relación que construyas con ellos.

Seguimiento Continuo:

No te limites a establecer relaciones con los clientes durante el proceso de venta; continúa cultivando esas relaciones a lo largo del tiempo. Realiza un seguimiento periódico para verificar su satisfacción, ofrecer asistencia adicional si es necesario y mantener la conexión activa.

El Impacto de las Relaciones Auténticas en las Ventas

Cuando construyes relaciones auténticas con tus clientes, los beneficios se extienden más allá de la mera transacción. Las relaciones sólidas y genuinas te ayudan a establecerte como un recurso confiable y un socio de confianza para tus clientes. Esto puede resultar en:

Mayor Fidelidad del Cliente

La fidelidad del cliente es el santo grial que todo vendedor anhela alcanzar. La fidelidad del cliente va más allá de una simple transacción; es el resultado de una relación sólida y auténtica entre el cliente y el vendedor. En este segmento, exploraremos detalladamente cómo construir relaciones auténticas con los clientes con el objetivo de cultivar una mayor fidelidad del cliente.

La Importancia de la Fidelidad del Cliente

La fidelidad del cliente es un activo invaluable para cualquier negocio. Los clientes fieles no solo realizan compras repetidas, sino que también actúan como embajadores de la marca, recomendando productos o servicios a amigos, familiares y colegas. Además, los clientes fieles tienden a gastar más en el tiempo y son menos sensibles al precio, lo que contribuye significativamente a la rentabilidad de un negocio a largo plazo.

Construyendo Relaciones Auténticas: La Base de la Fidelidad del Cliente

Comunicación Auténtica:

La comunicación es el núcleo de cualquier relación sólida. Es fundamental establecer una comunicación auténtica y sincera con los clientes. Esto implica escuchar atentamente sus necesidades, preocupaciones y sugerencias, y responder de manera genuina y reflexiva.

Entender las Necesidades del Cliente:

La clave para construir relaciones auténticas es comprender verdaderamente las necesidades del cliente. Esto va más allá de simplemente escuchar; implica hacer preguntas profundas y estar genuinamente interesado en entender la situación única de cada cliente.

Crear Valor Agregado:

Los clientes valoran a aquellos proveedores que van más allá para ofrecer un valor real. Esto puede significar brindar soluciones personalizadas, proporcionar información útil o ofrecer servicios adicionales que satisfagan las necesidades específicas del cliente.

Cumplir Compromisos:

La confianza es la piedra angular de cualquier relación exitosa. Para cultivar la fidelidad del cliente, es fundamental cumplir con los compromisos asumidos. Esto incluye entregar productos o servicios según lo prometido, cumplir con los plazos acordados y brindar un servicio al cliente excepcional en todo momento.

Estrategias para Cultivar la Fidelidad del Cliente

Programas de Lealtad:

Los programas de lealtad son una herramienta efectiva para fomentar la fidelidad del cliente. Ofrecer incentivos como descuentos, recompensas y beneficios exclusivos a los clientes recurrentes puede motivarlos a seguir eligiendo tu marca una y otra vez.

Personalización de la Experiencia del Cliente:

La personalización juega un papel crucial en la construcción de relaciones auténticas. Utilizar datos y análisis para adaptar la experiencia del cliente a sus preferencias individuales puede fortalecer significativamente la conexión emocional con la marca.

Feedback y Mejora Continua:

Escuchar la retroalimentación del cliente es esencial para identificar áreas de mejora y demostrar que valoras su opinión. Utilizar esta retroalimentación para realizar mejoras continuas en productos, servicios y procesos demuestra un compromiso con la excelencia y la satisfacción del cliente.

Ofrecer Soporte Postventa:

La relación con el cliente no termina después de que se realiza la venta. Brindar un soporte postventa excepcional, como asistencia técnica, seguimiento de productos o capacitación adicional, puede ayudar a mantener la conexión con el cliente y fomentar la fidelidad a largo plazo.

• Recomendaciones y referencias positivas.

Las recomendaciones y referencias positivas de los clientes son un activo invaluable. Estas recomendaciones no solo son un reflejo de la satisfacción del cliente, sino que también son una poderosa herramienta de marketing que puede influir en las decisiones de compra de otros clientes potenciales. En este capítulo, exploraremos detalladamente el concepto de recomendaciones y referencias positivas en la construcción de relaciones auténticas con los clientes en el ámbito del hacking de ventas.

La Importancia de las Recomendaciones y Referencias Positivas

Las recomendaciones y referencias positivas son testimonios auténticos del valor que una empresa o producto proporciona a sus clientes. Tienen un impacto significativo en la percepción de la marca y en la toma de decisiones de compra de los consumidores. Aquí hay algunas razones clave por las que las recomendaciones y referencias positivas son fundamentales:

Credibilidad y Confianza:

Las recomendaciones y referencias positivas ayudan a establecer la credibilidad de una empresa o producto en el mercado. Cuando los clientes potenciales escuchan sobre las experiencias positivas de otros, están más inclinados a confiar en la marca y en lo que esta ofrece.

Validación Social:

Las personas tienden a buscar validación social al tomar decisiones de compra. Las recomendaciones y referencias positivas proporcionan esta validación al mostrar que otros clientes han tenido experiencias satisfactorias con la empresa o producto en cuestión.

Reducción de la Incertidumbre:

Las recomendaciones y referencias positivas ayudan a reducir la incertidumbre que los clientes pueden sentir al realizar una compra. Al saber que otros han tenido experiencias positivas, los clientes se sienten más seguros al tomar la decisión de compra.

Generación de Interés:

Las recomendaciones y referencias positivas pueden generar interés en nuevos clientes potenciales que de otro modo podrían no haber considerado la empresa o el producto. Actúan como una forma de publicidad boca a boca que puede llegar a nuevos mercados de manera efectiva.

Cómo Obtener Recomendaciones y Referencias Positivas

La obtención de recomendaciones y referencias positivas requiere un enfoque estratégico y un compromiso con la excelencia en el servicio al cliente. Aquí hay algunas estrategias efectivas para obtener recomendaciones y referencias positivas:

Proporcionar un Servicio Excepcional:

El primer paso para obtener recomendaciones y referencias positivas es proporcionar un servicio excepcional que supere las expectativas del cliente. Esto incluye ofrecer productos de alta calidad, resolver problemas de manera efectiva y brindar un servicio al cliente excepcional en todas las interacciones.

Solicitar Comentarios:

Actuar de manera proactiva solicitando comentarios a los clientes es una estrategia efectiva para obtener recomendaciones y referencias positivas. Esto puede hacerse a través de encuestas de satisfacción, formularios de retroalimentación o simplemente preguntando a los clientes sobre su experiencia.

Facilitar el Proceso de Referencia:

Hacer que el proceso de referencia sea fácil y conveniente para los clientes puede aumentar la probabilidad de que proporcionen referencias positivas. Esto puede incluir ofrecer incentivos para referencias, proporcionar enlaces de referencia personalizados o incluso facilitar la conexión entre clientes potenciales y actuales.

Reconocer y Agradecer:

Reconocer y agradecer a los clientes que proporcionan recomendaciones y referencias positivas es fundamental para mantener su compromiso y fomentar relaciones sólidas a largo plazo. Esto puede hacerse a través de gestos de agradecimiento personalizados, como notas de agradecimiento o descuentos exclusivos.

El Impacto de las Recomendaciones y Referencias Positivas

Las recomendaciones y referencias positivas pueden tener un impacto significativo en el éxito y crecimiento de un negocio. Aquí hay algunas formas en que estas recomendaciones pueden influir en la experiencia del cliente y en los resultados comerciales:

Mayor Confianza y Lealtad del Cliente:

Las recomendaciones y referencias positivas ayudan a construir una base de clientes más sólida al aumentar la confianza y la lealtad del cliente. Los clientes que reciben recomendaciones de amigos, familiares o colegas están más inclinados a permanecer fieles a la marca a lo largo del tiempo.

Crecimiento Orgánico del Negocio:

Las recomendaciones y referencias positivas pueden impulsar el crecimiento orgánico del negocio al atraer nuevos clientes potenciales sin la necesidad de grandes inversiones en marketing. Este tipo de crecimiento es altamente efectivo ya que se basa en la credibilidad y confianza que los clientes tienen en las recomendaciones de otras personas.

Diferenciación Competitiva:

Las recomendaciones y referencias positivas pueden diferenciar a una empresa de sus competidores al resaltar la calidad de su producto o servicio y la satisfacción del cliente. En un mercado saturado, las referencias positivas pueden ser un factor decisivo para que los clientes elijan una empresa sobre otra.

Mejora de la Reputación de la Marca:

Las recomendaciones y referencias positivas contribuyen a mejorar la reputación de la marca al mostrar públicamente el valor y la calidad de sus productos o servicios. Una marca con una sólida reputación de satisfacción del cliente es más propensa a atraer nuevos clientes y retener a los existentes.

Conclusiones

En conclusión, las recomendaciones y referencias positivas son elementos fundamentales en la construcción de relaciones auténticas con los clientes en el ámbito del hacking de ventas. Al centrarse en proporcionar un servicio excepcional, solicitar comentarios, facilitar el proceso de referencia y reconocer el valor de las recomendaciones, las empresas pueden cultivar la confianza, la lealtad del cliente y el crecimiento sostenible a largo plazo. Al aprovechar el poder de las recomendaciones y referencias positivas, las empresas pueden convertir a sus clientes satisfechos en defensores entusiastas de la marca y generar un impacto positivo en su éxito comercial.

Menor sensibilidad al precio.

La sensibilidad al precio es un factor importante que puede influir en las decisiones de compra de los clientes. Sin embargo, cuando se construyen relaciones auténticas y sólidas con los clientes, se puede observar una disminución significativa en su sensibilidad al precio. En este capítulo, exploraremos detalladamente el concepto de menor sensibilidad al precio como resultado de relaciones auténticas con los clientes en el ámbito del hacking de ventas.

Entendiendo la Sensibilidad al Precio

La sensibilidad al precio se refiere a la medida en que los clientes reaccionan a los cambios en el precio de un producto o servicio. Cuando los clientes son altamente sensibles al precio, tienden a basar sus decisiones de compra principalmente en el costo del producto o servicio ofrecido. Esto puede llevar a una competencia feroz en términos de precios y a una disminución en la rentabilidad de las empresas.

La Importancia de las Relaciones Auténticas

Las relaciones auténticas con los clientes juegan un papel fundamental en la reducción de la sensibilidad al precio. Cuando los clientes confían en una empresa y valoran la relación que han establecido, están más dispuestos a pagar un precio más alto por los productos o servicios que ofrecen. Aquí hay algunas razones clave por las cuales las relaciones auténticas conducen a una menor sensibilidad al precio:

Confianza y Credibilidad:

Las relaciones auténticas se construyen sobre la base de la confianza y la credibilidad mutuas entre la empresa y el cliente. Cuando los clientes confían en una empresa y en la calidad de sus productos o servicios, están menos preocupados por el precio y más enfocados en los beneficios que recibirán.

Valor Percibido:

Las relaciones auténticas permiten a las empresas comunicar el valor real de sus productos o servicios a los clientes. Cuando los clientes perciben un alto valor en lo que están recibiendo, están dispuestos a pagar un precio más alto por ello, incluso si hay opciones más económicas disponibles en el mercado.

Experiencia del Cliente:

Las relaciones auténticas se construyen a través de una experiencia del cliente excepcional en todas las interacciones con la empresa. Cuando los clientes tienen una experiencia positiva y satisfactoria, están más inclinados a considerar otros factores además del precio al tomar decisiones de compra.

Fidelidad y Lealtad:

Las relaciones auténticas fomentan la fidelidad y la lealtad del cliente a largo plazo. Los clientes que se sienten valorados y apreciados por una empresa están menos dispuestos a buscar alternativas más baratas y más propensos a seguir apoyando a esa empresa incluso si los precios aumentan.

Estrategias para Reducir la Sensibilidad al Precio

Enfatizar el Valor:

En lugar de competir únicamente en función del precio, las empresas deben enfocarse en comunicar y enfatizar el valor único que ofrecen a los clientes. Esto puede incluir características exclusivas del producto, servicios adicionales, garantías extendidas o un servicio al cliente excepcional.

Educación del Cliente:

Es importante educar a los clientes sobre los beneficios y el valor real de los productos o servicios ofrecidos. Proporcionar información detallada sobre cómo los productos o servicios pueden satisfacer sus necesidades y resolver sus problemas puede ayudar a justificar un precio más alto.

Personalización de la Experiencia:

Las empresas pueden utilizar datos y análisis para personalizar la experiencia del cliente y hacerla más relevante y significativa para cada individuo. La personalización puede crear un sentido de conexión y pertenencia que va más allá del precio.

Fomentar la Lealtad del Cliente:

Construir relaciones sólidas y auténticas con los clientes es fundamental para fomentar la lealtad a largo plazo. Las empresas pueden ofrecer programas de fidelización, incentivos exclusivos y recompensas especiales para demostrar su aprecio y fortalecer los lazos con los clientes.

Casos de Éxito

Empresas de renombre mundial han demostrado que la construcción de relaciones auténticas con los clientes puede llevar a una disminución significativa en la sensibilidad al precio. Ejemplos como Apple, Starbucks y Nike han establecido relaciones profundas con sus clientes, lo que les permite mantener márgenes de precios más altos y una base de clientes leales.

Conclusiones

En resumen, construir relaciones auténticas con los clientes es fundamental para reducir la sensibilidad al precio y fomentar la lealtad a largo plazo.

Mayor retención de clientes a largo plazo.

La retención de clientes a largo plazo es un objetivo fundamental para cualquier empresa que busque un crecimiento sostenible y un éxito continuo. Las relaciones auténticas con los clientes desempeñan un papel crucial en la retención a largo plazo, ya que fomentan la lealtad, la confianza y el compromiso continuo del cliente con la marca. En este capítulo, exploraremos detalladamente cómo las relaciones auténticas contribuyen a una mayor retención de clientes a largo plazo y cómo los vendedores pueden cultivar estas relaciones de manera efectiva.

La Importancia de la Retención de Clientes a Largo Plazo

La retención de clientes a largo plazo es esencial para el crecimiento y la estabilidad de cualquier negocio. Aquí hay algunas razones clave por las que la retención de clientes es fundamental:

Costos de Adquisición de Clientes:
La adquisición de nuevos clientes puede ser costosa en términos de recursos y tiempo. En comparación, retener a los clientes existentes suele ser más rentable y eficiente desde el punto de vista económico.

Valor de por Vida del Cliente:
Los clientes leales tienden a realizar compras repetidas y pueden generar un

valor significativo a lo largo del tiempo. Cuanto más tiempo un cliente permanezca con una empresa, mayor será su valor de por vida y su contribución al éxito general del negocio.

Recomendaciones y Referencias:

Los clientes satisfechos son más propensos a recomendar una empresa a otros, lo que puede generar nuevas oportunidades de negocio y ampliar la base de clientes sin la necesidad de esfuerzos de marketing adicionales.

Estabilidad y Crecimiento Sostenible:

La retención de clientes proporciona estabilidad al negocio al garantizar ingresos consistentes y predecibles a lo largo del tiempo. Además, una base de clientes leal proporciona una plataforma sólida para el crecimiento futuro.

Casos de Estudio: Ejemplos de Relaciones Auténticas

Zappos:

Zappos, conocida por su excepcional servicio al cliente, ha construido relaciones auténticas con los clientes al centrarse en la satisfacción y la felicidad del cliente sobre cualquier otra cosa. Su enfoque en la atención al cliente ha ganado la lealtad de millones de clientes a lo largo de los años.

Patagonia:

Patagonia ha construido relaciones auténticas con los clientes al alinear sus valores corporativos con los valores de sus clientes. Su compromiso con la sostenibilidad y la responsabilidad ambiental ha resonado con una base de clientes comprometidos y leales.

Conclusiones

Construir relaciones auténticas con los clientes no es solo una estrategia de ventas; es una filosofía que impregna cada aspecto de tu trabajo como vendedor. Al priorizar la confianza, la empatía y el respeto en tus interacciones con los clientes, puedes establecer conexiones significativas que perduren mucho más allá de una simple transacción. Al final del día, el verdadero éxito en las ventas radica en la calidad de las relaciones que construyes con tus clientes.

4 DESCIFRANDO LAS NECESIDADES OCULTAS DE LOS CLIENTES

Entender las necesidades de los clientes va más allá de lo evidente. Detrás de las solicitudes directas y las preferencias declaradas, existen necesidades más profundas y ocultas que pueden ser clave para cerrar una venta y construir relaciones sólidas a largo plazo. Este capítulo explora el concepto de descifrar las necesidades ocultas de los clientes en el contexto del hacking de ventas, revelando estrategias y técnicas para comprender verdaderamente lo que los clientes desean y necesitan.

La Importancia de Descifrar las Necesidades Ocultas

Entendimiento Profundo del Cliente:

Comprender las necesidades reales de los clientes va más allá de lo evidente. Se trata de ir más allá de las solicitudes superficiales y descubrir las necesidades ocultas que subyacen en las interacciones comerciales. En este capítulo, exploraremos el concepto de "Entendimiento Profundo del Cliente" dentro del marco de descifrar las necesidades ocultas de los clientes en el hacking de ventas.

La Importancia del Entendimiento Profundo del Cliente

El entendimiento profundo del cliente es la piedra angular de una relación sólida y duradera en ventas. Implica ir más allá de la información básica y superficial sobre los clientes para comprender sus motivaciones, deseos y necesidades subyacentes. Aquí, discutiremos la importancia de este concepto y cómo aplicarlo en la práctica de ventas.

Construcción de Confianza:

El entendimiento profundo del cliente crea un ambiente de confianza mutua entre el vendedor y el cliente. Cuando los clientes sienten que el vendedor comprende sus necesidades, están más inclinados a confiar en sus recomendaciones y sugerencias.

Personalización de las Soluciones:

Comprender profundamente al cliente permite al vendedor personalizar las soluciones y recomendaciones de ventas de acuerdo con las necesidades específicas del cliente. Esto aumenta la relevancia de las propuestas y mejora las posibilidades de éxito en la venta.

Identificación de Oportunidades de Upselling y Cross-selling:

El entendimiento profundo del cliente también permite al vendedor identificar oportunidades de upselling y cross-selling de manera más efectiva. Al comprender las necesidades y preferencias del cliente, el vendedor puede ofrecer productos o servicios complementarios que agreguen valor adicional y satisfagan las necesidades del cliente.

Resolución de Problemas:

Al comprender las necesidades del cliente a un nivel más profundo, el vendedor está mejor equipado para identificar y resolver problemas que el cliente puede no haber articulado explícitamente. Esto ayuda a fortalecer la relación con el cliente y a fomentar la lealtad a largo plazo.

Generación de Valor Añadido:

Al descifrar las necesidades ocultas, los vendedores pueden ofrecer soluciones que agreguen un valor significativo a la vida o negocio del cliente. Esto va más allá de vender un producto o servicio; se trata de brindar una experiencia completa y satisfactoria que resuelva los problemas subyacentes del cliente.

Construcción de Relaciones Duraderas:

Al abordar las necesidades ocultas, los vendedores pueden establecer conexiones más profundas y significativas con sus clientes. Esto conduce a relaciones comerciales más sólidas y a una mayor lealtad a largo plazo.

Estrategias para Descifrar las Necesidades Ocultas

Escucha Activa:

La escucha activa es fundamental para descifrar las necesidades ocultas de los clientes. Los vendedores deben prestar atención no solo a lo que dicen los clientes, sino también a su lenguaje corporal, tono de voz y emociones subyacentes.

Preguntas Abiertas:

Hacer preguntas abiertas invita a los clientes a compartir más sobre sus necesidades y deseos. En lugar de limitarse a respuestas simples de "sí" o "no", las preguntas abiertas fomentan la exploración y revelación de información relevante.

Empatía:

La empatía es crucial para comprender las necesidades ocultas de los clientes. Los vendedores deben ponerse en el lugar del cliente y tratar de ver el mundo desde su perspectiva, identificando las preocupaciones y motivaciones subyacentes.

Observación:

Observar el comportamiento del cliente puede proporcionar pistas valiosas sobre sus necesidades ocultas. Los vendedores deben prestar atención a cómo interactúan los clientes con los productos, qué aspectos les generan más interés y qué despierta su curiosidad.

Técnicas para Descubrir las Necesidades Ocultas

Análisis de Datos:

El análisis de datos puede revelar patrones y tendencias que indican las necesidades y preferencias de los clientes. Al recopilar y analizar datos de ventas, comportamiento del cliente y retroalimentación, los vendedores pueden identificar áreas de oportunidad para satisfacer necesidades no expresadas.

Feedback del Cliente:

Solicitar feedback regularmente a los clientes puede proporcionar información valiosa sobre sus experiencias y necesidades. Los comentarios directos de los clientes pueden revelar aspectos que no se habían considerado previamente.

Pruebas y Experimentación:

Realizar pruebas y experimentos con diferentes enfoques de ventas y productos puede ayudar a descubrir las necesidades ocultas de los clientes. Al probar nuevas ideas y soluciones, los vendedores pueden evaluar la respuesta del cliente y ajustar su enfoque en consecuencia.

Aplicación Práctica

Entrevistas en Profundidad:

Realizar entrevistas en profundidad con clientes clave puede proporcionar una visión más completa de sus necesidades y deseos. Estas conversaciones abiertas y sinceras permiten una exploración profunda de las motivaciones del cliente.

Segmentación de Clientes:

Segmentar a los clientes en grupos basados en características y comportamientos similares puede ayudar a identificar patrones comunes de necesidades ocultas. Esta segmentación permite una personalización más efectiva de las estrategias de ventas y marketing.

Desarrollo de Personas:

Crear perfiles detallados de los clientes, o "personas", puede ayudar a comprender mejor sus necesidades y deseos. Estos perfiles ficticios representan a los diferentes tipos de clientes y sus motivaciones subyacentes.

Conclusiones

Descifrar las necesidades ocultas de los clientes es un elemento fundamental del hacking de ventas. Al comprender verdaderamente lo que los clientes desean y necesitan, los vendedores pueden ofrecer soluciones que agreguen un valor significativo y construir relaciones sólidas a largo plazo. Al emplear estrategias de escucha activa, empatía y análisis de datos, los vendedores pueden descubrir las necesidades ocultas que impulsan las decisiones de compra de sus clientes. Esta comprensión profunda no solo conduce a transacciones exitosas, sino que también fortalece la confianza y la lealtad del cliente, sentando las bases para una relación comercial sólida y duradera.

5 UTILIZANDO LA PSICOLOGÍA DE LA PERSUASIÓN EN LAS VENTAS

Utilizando la Psicología de la Persuasión en las Ventas

La capacidad de persuadir a los clientes de manera ética y efectiva es una habilidad fundamental que todo vendedor debe dominar. La psicología de la persuasión proporciona un conjunto de principios y técnicas que pueden influir en las decisiones de compra de los clientes de manera significativa. En este capítulo, exploraremos los principios fundamentales de la psicología de la persuasión y cómo aplicarlos de manera ética en el contexto de las ventas. Desde la reciprocidad hasta la prueba social, descubrirás cómo utilizar poderosas técnicas persuasivas para influir positivamente en las decisiones de compra de tus clientes.

Entendiendo la Psicología de la Persuasión

La persuasión es un proceso complejo que implica influir en las actitudes, creencias y comportamientos de los demás. La psicología de la persuasión se basa en la comprensión de los mecanismos mentales y emocionales que subyacen a las decisiones humanas. Al comprender estos principios, los vendedores pueden adaptar sus estrategias de ventas para maximizar su efectividad. A continuación, exploraremos algunos de los principios más importantes de la psicología de la persuasión:

Reciprocidad

El principio de reciprocidad establece que las personas tienden a sentir la obligación de devolver los favores y actos de amabilidad que reciben de los demás. En el contexto de las ventas, esto significa que al ofrecer algo de valor a los clientes, como información útil o muestras gratuitas de productos, se puede crear un sentido de obligación que puede conducir a una respuesta positiva por parte del cliente.

Escasez

La escasez se refiere a la idea de que las personas valoran más aquellas cosas que son escasas o difíciles de obtener. En las ventas, la creación de un sentido de urgencia alrededor de un producto o servicio puede motivar a los clientes a tomar medidas rápidas para evitar perder la oportunidad. Esto se puede lograr mediante ofertas de tiempo limitado o la creación de la percepción de que la oferta es exclusiva y limitada en cantidad.

Autoridad

El principio de autoridad sugiere que las personas tienden a obedecer a figuras de autoridad y expertos en un campo particular. En el contexto de las ventas, los vendedores pueden aumentar su credibilidad y persuasión al demostrar su experiencia y conocimiento en el área de productos o servicios que están ofreciendo. Esto puede incluir la presentación de datos, testimonios de clientes satisfechos o certificaciones profesionales relevantes.

Consistencia

Las personas tienen una tendencia natural a mantenerse coherentes con sus compromisos previos y decisiones pasadas. Los vendedores pueden aprovechar este principio al obtener pequeños compromisos iniciales por parte de los clientes, lo que puede llevar a un mayor compromiso y aceptación de ofertas más grandes en el futuro. Por ejemplo, al obtener la aceptación del cliente para una demostración de producto, es más probable que estén abiertos a considerar una compra posterior.

Prueba Social

La prueba social se refiere al fenómeno en el que las personas miran las acciones y comportamientos de los demás para determinar la forma apropiada de actuar en una situación determinada. En el contexto de las ventas, la presentación de testimonios, reseñas y casos de estudio de otros clientes satisfechos puede influir en las decisiones de compra al proporcionar pruebas de la satisfacción y éxito del producto o servicio.

Aplicación Ética de la Psicología de la Persuasión en las Ventas

Si bien la psicología de la persuasión puede ser una herramienta poderosa en el arsenal de un vendedor, es importante utilizarla de manera ética y responsable. La manipulación o el engaño pueden socavar la confianza del cliente y dañar la reputación de la empresa a largo plazo. A continuación, se presentan algunas pautas importantes para aplicar la psicología de la persuasión de manera ética en las ventas:

Transparencia y Honestidad

Es fundamental ser transparente y honesto en todas las interacciones con los clientes. Esto significa proporcionar información precisa y completa sobre los productos o servicios ofrecidos, incluidos sus beneficios y limitaciones. La confianza es la piedra angular de cualquier relación comercial exitosa, y la falta de transparencia puede socavar esa confianza rápidamente.

Enfoque en el Valor para el Cliente

En lugar de centrarse únicamente en cerrar la venta, los vendedores deben enfocarse en agregar valor real a la vida o negocio del cliente. Esto implica comprender las necesidades y objetivos del cliente y ofrecer soluciones que realmente satisfagan esas necesidades. Al enfocarse en el valor para el cliente, los vendedores pueden construir relaciones sólidas y a largo plazo basadas en la confianza y la satisfacción mutua.

Respeto por la Autonomía del Cliente

Es importante respetar la autonomía y la capacidad de decisión del cliente en todo momento. Los vendedores deben evitar cualquier táctica de presión o manipulación que pueda hacer que el cliente se sienta incómodo o coaccionado. En su lugar, se debe fomentar un enfoque colaborativo en el que el vendedor actúe como un asesor confiable que brinde información y orientación para ayudar al cliente a tomar decisiones informadas.

Énfasis en la Integridad y la Ética Profesional

Los vendedores deben mantener altos estándares de integridad y ética profesional en todas sus interacciones con los clientes. Esto incluye cumplir con todas las leyes y regulaciones aplicables, así como actuar de manera justa y equitativa en todas las transacciones comerciales. La reputación de la empresa y la confianza del cliente son demasiado importantes para comprometerse con prácticas cuestionables.

Conclusiones

En conclusión, la psicología de la persuasión puede ser una herramienta poderosa para los vendedores que buscan influir positivamente en las decisiones de compra de sus clientes. Al comprender y aplicar los principios fundamentales de la persuasión de manera ética, los vendedores pueden construir relaciones sólidas y duraderas con los clientes, basadas en la confianza, el respeto y el valor mutuo. Al final del día, la persuasión efectiva en las ventas no se trata solo de cerrar una venta, sino de crear una experiencia positiva y significativa para el cliente que conduzca a relaciones comerciales a largo plazo y mutuamente beneficiosas.

6 Comunicación Efectiva en las Ventas

La comunicación efectiva es la piedra angular del éxito en ventas. Es la habilidad que permite a los vendedores conectar genuinamente con sus clientes, entender sus necesidades y persuadirlos de manera ética hacia una decisión de compra que beneficie a ambas partes. En este capítulo, exploraremos detalladamente las claves para dominar la comunicación efectiva en las ventas, desde la claridad hasta la empatía, pasando por la persuasión y la autenticidad. A lo largo de estas páginas, descubrirás cómo mejorar tus habilidades de comunicación para crear relaciones sólidas y generar resultados sobresalientes en el ámbito de las ventas.

La Importancia de la Comunicación Efectiva en las Ventas

La comunicación efectiva es esencial en las ventas por varias razones fundamentales:

Establece Conexiones Significativas:

Una comunicación clara y auténtica permite establecer conexiones significativas con los clientes, creando una base sólida para relaciones duraderas.

Entiende las Necesidades del Cliente:

Una comunicación efectiva permite comprender las necesidades y deseos del cliente, lo que facilita la oferta de soluciones adecuadas y personalizadas.

Persuade de Manera Ética:

La comunicación persuasiva, cuando se utiliza éticamente, puede ayudar a influir en las decisiones de compra de los clientes, guiándolos hacia soluciones que realmente beneficien sus intereses.

Fomenta la Confianza y la Lealtad:

Una comunicación auténtica y empática fomenta la confianza y la lealtad del cliente, lo que resulta en relaciones más sólidas y duraderas.

Claves para Dominar la Comunicación Efectiva en las Ventas

Claridad en el Mensaje

La claridad es esencial para una comunicación efectiva. Los vendedores deben expresar sus ideas de manera clara y concisa, evitando jergas o términos técnicos que puedan confundir al cliente. Es importante estructurar el mensaje de manera lógica y fácil de seguir, destacando los beneficios y soluciones que se ofrecen.

Empatía y Escucha Activa

La empatía es fundamental para comprender las necesidades y preocupaciones del cliente. Los vendedores deben practicar la escucha activa, mostrando interés genuino en lo que el cliente tiene que decir. Esto implica hacer preguntas abiertas, mostrar empatía hacia sus preocupaciones y demostrar comprensión de su situación.

Adaptabilidad y Flexibilidad

Cada cliente es único, por lo que es importante adaptar el estilo de comunicación a las preferencias individuales de cada cliente. Algunos clientes pueden preferir una comunicación directa y concisa, mientras que otros pueden valorar una conversación más informal y amigable. Los vendedores deben ser flexibles y adaptarse a diferentes estilos de comunicación para establecer una conexión efectiva con cada cliente.

Persuasión Ética

La persuasión es una herramienta poderosa en ventas, pero debe utilizarse éticamente. Los vendedores deben enfocarse en destacar los beneficios y valores de su producto o servicio, mostrando cómo puede resolver los problemas y satisfacer las necesidades del cliente. Es importante evitar la manipulación o la presión excesiva, y en su lugar, centrarse en construir una relación de confianza basada en la transparencia y la honestidad.

Autenticidad y Credibilidad

La autenticidad es clave para construir relaciones sólidas con los clientes. Los vendedores deben ser genuinos en su comunicación, mostrando sinceridad y transparencia en todas sus interacciones. Es importante mantenerse fiel a los valores de la empresa y cumplir con las promesas hechas al cliente, lo que ayuda a construir credibilidad y confianza a largo plazo.

Aplicación Práctica de las Claves de Comunicación Efectiva

Preparación y Práctica:

Los vendedores deben prepararse antes de cada interacción con el cliente, identificando sus necesidades y objetivos. Practicar situaciones de ventas comunes puede ayudar a mejorar la confianza y la fluidez en la comunicación.

Feedback y Mejora Continua:

Buscar feedback de colegas y supervisores puede proporcionar información valiosa sobre áreas de mejora en la comunicación. Estar abierto a recibir críticas constructivas y trabajar en el desarrollo personal es fundamental para perfeccionar las habilidades de comunicación.

Seguimiento y Mantenimiento de Relaciones:

Después de cada interacción con el cliente, es importante realizar un seguimiento para asegurarse de que se satisfagan todas las necesidades y preocupaciones. Mantener una comunicación abierta y regular con los clientes existentes ayuda a fortalecer las relaciones y fomenta la lealtad a largo plazo.

Conclusión

En conclusión, la comunicación efectiva es una habilidad fundamental para cualquier vendedor exitoso. Desde la claridad hasta la empatía, la persuasión ética y la autenticidad, dominar estas claves permite a los vendedores conectar de manera significativa con sus clientes y guiarlos hacia decisiones de compra que beneficien a ambas partes. Al aplicar las técnicas y principios presentados en este capítulo, los vendedores pueden maximizar el impacto de sus mensajes, construir relaciones sólidas y alcanzar el éxito en el competitivo mundo de las ventas.

7 SUPERANDO OBSTÁCULOS Y CERRANDO TRATOS

En el competitivo mundo de las ventas, cada interacción con un cliente potencial representa una oportunidad única para cerrar un trato. Sin embargo, este proceso está plagado de obstáculos y objeciones que pueden dificultar el camino hacia el éxito. En este capítulo, exploraremos cómo superar estos desafíos de manera óptima y cerrar tratos con éxito. Desde la gestión de objeciones hasta el manejo de conflictos, aprenderás estrategias prácticas para enfrentar los obstáculos más comunes en el proceso de ventas y convertirlos en oportunidades para el crecimiento y la colaboración.

Entendiendo los Obstáculos en las Ventas

Antes de abordar las estrategias para superar los obstáculos en las ventas, es fundamental comprender los desafíos más comunes que enfrentan los vendedores:

Objeciones del Cliente:

las objeciones del cliente son inevitables y, a menudo, representan desafíos cruciales que los vendedores deben abordar con habilidad y perspicacia. Las objeciones pueden surgir por una variedad de razones, incluyendo preocupaciones sobre el precio, la competencia, la necesidad del producto o servicio, entre otros aspectos. En este segmento, exploraremos en profundidad cómo abordar y superar las objeciones del cliente de manera efectiva para mantener el impulso en el proceso de venta y fortalecer las relaciones con los clientes.

Entendiendo las Objeciones del Cliente

Las objeciones del cliente son expresiones de dudas, preocupaciones o incertidumbres que pueden surgir durante el proceso de ventas. Estas objeciones pueden variar ampliamente en naturaleza y pueden estar relacionadas con varios aspectos del producto, servicio o proceso de compra. Algunas de las objeciones más comunes incluyen:

1. **Objeciones sobre el Precio:**
   Los clientes pueden expresar preocupaciones sobre el precio del producto o servicio, sintiendo que es demasiado alto en relación con su valor percibido.

2. **Objeciones sobre la Competencia:**
   Los clientes pueden cuestionar cómo el producto o servicio ofrecido se compara con las alternativas disponibles en el mercado, expresando dudas sobre su superioridad.

3. **Objeciones sobre la Necesidad:**
   Algunos clientes pueden dudar de la necesidad real del producto o servicio, cuestionando si realmente resolverá un problema o satisfará una necesidad específica.

4. **Objeciones sobre el Proceso de Compra:**
   Los clientes pueden sentirse incómodos con algún aspecto del proceso de compra, como los términos de pago, las condiciones de entrega o la garantía del producto.

Falta de Confianza:

La falta de confianza por parte del cliente hacia el vendedor o la empresa es un desafío común en el proceso de ventas. Esta falta de confianza puede surgir debido a una variedad de razones, incluidas experiencias pasadas negativas, percepciones sobre la calidad del producto o servicio, o la falta de credibilidad del vendedor. En este capítulo, exploraremos detalladamente cómo la falta de confianza puede obstaculizar el cierre de un trato y cómo los vendedores pueden abordar este desafío de manera efectiva.

Orígenes de la Falta de Confianza

Experiencias Pasadas Negativas:

Los clientes pueden haber tenido experiencias negativas en el pasado con la empresa o con vendedores individuales. Estas experiencias pueden haber dejado una impresión duradera y generar desconfianza hacia futuras interacciones.

Percepciones sobre la Calidad:

Las percepciones del cliente sobre la calidad del producto o servicio pueden influir en su nivel de confianza. Si el cliente percibe que el producto o servicio no cumple con sus expectativas o necesidades, es probable que tenga reservas sobre realizar una compra.

Falta de Credibilidad del Vendedor:

La falta de credibilidad del vendedor puede ser otro factor que contribuya a la falta de confianza del cliente. Si el cliente percibe al vendedor como poco confiable, deshonesto o incompetente, es poco probable que confíe en sus recomendaciones o en la información proporcionada.

Impacto en el Proceso de Ventas

La falta de confianza puede tener un impacto significativo en el proceso de ventas y dificultar el cierre de un trato de varias maneras:

Resistencia a la Compra:

Los clientes que carecen de confianza pueden ser reacios a realizar una compra, incluso si el producto o servicio satisface sus necesidades. Pueden tener miedo de tomar una decisión equivocada o de ser engañados.

Mayor Escrutinio:

Los clientes desconfiados tienden a examinar cada detalle con más cuidado y pueden hacer preguntas más difíciles para confirmar la validez de la oferta. Esto puede llevar a procesos de ventas más largos y complicados.

Menor Retención de Clientes:

La falta de confianza también puede afectar la lealtad del cliente a largo plazo. Los clientes que no confían en la empresa o en el vendedor son más propensos a buscar alternativas y cambiar de proveedor en el futuro.

Estrategias para Superar la Falta de Confianza

Establecer Credibilidad:

Los vendedores deben trabajar para establecer su credibilidad y construir una reputación sólida. Esto puede incluir proporcionar pruebas de la calidad del producto o servicio, como testimonios de clientes satisfechos o certificaciones de la industria.

Ser Transparente:

La transparencia es fundamental para construir confianza con los clientes. Los vendedores deben ser honestos y transparentes en todas sus interacciones, incluida la divulgación de cualquier información relevante sobre el producto o servicio.

Demostrar Valor:

Los vendedores deben demostrar claramente el valor del producto o servicio y cómo puede satisfacer las necesidades del cliente de manera efectiva. Esto puede incluir proporcionar demostraciones de productos, casos de estudio o muestras gratuitas.

Ganar Confianza a lo Largo del Tiempo:

Construir confianza con los clientes lleva tiempo y requiere un enfoque constante en brindar un excelente servicio al cliente y cumplir con las promesas realizadas. Los vendedores deben enfocarse en cultivar relaciones a largo plazo en lugar de buscar ventas rápidas.

Competencia Feroz:

En un entorno empresarial saturado, la competencia feroz se convierte en una realidad palpable para cada vendedor. Enfrentarse a un mercado abarrotado puede plantear desafíos significativos para aquellos que buscan destacarse y capturar la atención de los clientes. Sin embargo, la competencia no tiene por qué ser un obstáculo insuperable. En este capítulo, exploraremos estrategias efectivas para enfrentar la competencia feroz y destacarse en un mercado saturado.

Comprendiendo la Competencia Feroz

La competencia feroz se refiere a la situación en la que múltiples empresas compiten agresivamente por la atención y preferencia de los clientes en un mercado saturado. Las empresas enfrentan una lucha constante por ganar cuota de mercado, a menudo enfrentándose a rivales con productos similares y estrategias de marketing agresivas. En este contexto, es fundamental que los vendedores comprendan los desafíos que enfrentan y desarrollen estrategias efectivas para sobresalir.

Desafíos de la Competencia Feroz

Dificultad para Diferenciarse:

En un mercado saturado, los productos y servicios pueden parecer muy similares entre sí, lo que dificulta que los clientes perciban la diferencia entre las ofertas de diferentes empresas.

Presión sobre los Precios:

La competencia feroz a menudo lleva a una guerra de precios, donde las empresas intentan superar a sus competidores reduciendo los precios. Esto puede reducir los márgenes de ganancia y dañar la percepción de valor de los productos o servicios.

Cambios Constantes en el Mercado:

Los mercados saturados suelen ser volátiles y están sujetos a cambios rápidos. Las tendencias del mercado pueden cambiar en un abrir y cerrar de ojos, lo que requiere que las empresas estén constantemente adaptándose para mantenerse relevantes.

Estrategias para Enfrentar la Competencia Feroz

Diferenciación Clara y Significativa:

Para destacarse en un mercado saturado, los vendedores deben identificar y comunicar claramente su propuesta de valor única. Esto implica comprender las necesidades y deseos de los clientes y destacar cómo los productos o servicios ofrecidos satisfacen esas necesidades de manera superior a la competencia.

Enfoque en la Innovación:

La innovación constante es clave para mantenerse relevante en un mercado competitivo. Los vendedores deben estar atentos a las nuevas tendencias, tecnologías y necesidades del mercado, y adaptar sus productos y servicios en consecuencia.

Construcción de Relaciones Fuertes con los Clientes:

Las relaciones sólidas con los clientes pueden ser un diferenciador clave en un mercado saturado. Los vendedores deben enfocarse en construir conexiones significativas con los clientes, brindando un excelente servicio al cliente y mostrando un genuino interés en sus necesidades y preocupaciones.

Inversión en Marketing Creativo:

El marketing creativo puede ayudar a una empresa a destacarse entre la multitud. Los vendedores deben explorar estrategias innovadoras de marketing que capturen la atención del cliente y comuniquen de manera efectiva el valor de sus productos o servicios.

Monitoreo de la Competencia:

Es crucial para los vendedores comprender a su competencia y estar al tanto de sus movimientos. Esto incluye analizar las estrategias de precios, marketing y producto de los competidores para identificar oportunidades y amenazas potenciales.

Enfoque en la Calidad y la Experiencia del Cliente:

Ofrecer productos o servicios de alta calidad y una experiencia excepcional al cliente puede ayudar a diferenciar una empresa en un mercado saturado. Los clientes valoran la calidad y están dispuestos a pagar un precio más alto por una experiencia superior.

Estrategias para Superar Obstáculos y Cerrar Tratos

Ahora, exploraremos algunas estrategias efectivas para superar obstáculos y cerrar tratos con éxito:

Escucha Activa:

La escucha activa es fundamental para comprender las preocupaciones y objeciones del cliente. Al prestar atención a las necesidades y deseos del cliente, los vendedores pueden adaptar sus argumentos de venta y abordar las objeciones de manera más efectiva.

Empatía y Comprensión:

Es importante demostrar empatía hacia las preocupaciones del cliente y mostrar una comprensión genuina de sus necesidades. Esto ayuda a construir una relación de confianza y aumenta la disposición del cliente para considerar la oferta del vendedor.

Anticipación de Objeciones:

Los vendedores deben anticipar posibles objeciones y estar preparados para abordarlas de manera proactiva. Esto requiere un conocimiento profundo del producto o servicio ofrecido, así como de las preocupaciones típicas de los clientes.

Demostración de Valor:

Es fundamental demostrar el valor del producto o servicio ofrecido y cómo puede satisfacer las necesidades específicas del cliente. Los vendedores deben resaltar los beneficios y ventajas únicas que ofrece su oferta en comparación con la competencia.

Manejo de Conflictos:

En situaciones donde surgen conflictos o desacuerdos, es importante mantener la calma y abordar el problema de manera constructiva. Los vendedores deben buscar soluciones mutuamente beneficiosas que satisfagan las necesidades tanto del cliente como de la empresa.

Cierre Asertivo:

Una vez que se han abordado las objeciones y se ha demostrado el valor de la oferta, es importante realizar un cierre asertivo. Los vendedores deben invitar al cliente a tomar medidas y cerrar el trato de manera clara y convincente.

La Importancia de la Persistencia y la Resiliencia

En el mundo de las ventas, la persistencia y la resiliencia son cualidades esenciales para superar obstáculos y cerrar tratos con éxito. Los vendedores deben estar dispuestos a enfrentar el rechazo y aprender de cada interacción con el cliente. Cada obstáculo superado representa una oportunidad para crecer y mejorar como profesional de las ventas.

Conclusiones

Superar obstáculos y cerrar tratos con éxito requiere habilidades de comunicación efectiva, empatía y una comprensión profunda de las necesidades del cliente. Al adoptar estrategias proactivas para abordar objeciones, demostrar valor y mantener la calma en situaciones difíciles, los vendedores pueden convertir los desafíos en oportunidades para construir relaciones sólidas con los clientes y lograr resultados sobresalientes en el proceso de ventas.

8 La Importancia de la Motivación y la Resiliencia en las Ventas

La motivación y la resiliencia son componentes esenciales para alcanzar y superar tus metas en ventas. La motivación te impulsa a actuar y a seguir adelante, mientras que la resiliencia te permite recuperarte de los contratiempos y continuar avanzando incluso en los momentos más difíciles.

En un entorno altamente competitivo y lleno de desafíos, los vendedores exitosos comprenden que mantener una mentalidad positiva y una actitud resiliente es clave para mantenerse en la cima de su juego. La motivación te impulsa a alcanzar nuevas alturas, mientras que la resiliencia te permite mantener el rumbo cuando enfrentas obstáculos.

Estrategias para Mantener la Motivación

Establece Metas Claras y Realistas:

En el mundo de las ventas el establecimiento de metas claras y realistas es fundamental para impulsar el éxito y mantener la motivación a largo plazo. Las metas actúan como brújulas que guían nuestras acciones y nos mantienen enfocados en alcanzar nuestros objetivos. En este capítulo, exploraremos en detalle la importancia de definir metas específicas, alcanzables y medibles en el contexto del hacking de ventas. Aprenderemos cómo establecer un plan de acción efectivo y cómo mantener un seguimiento constante de nuestro progreso para alcanzar nuestras metas con éxito.

Importancia de Establecer Metas:

1. **Claridad y Enfoque:**
   Las metas claras y específicas nos proporcionan un enfoque definido. Saber exactamente lo que queremos lograr nos ayuda a concentrar nuestros esfuerzos y recursos en actividades que nos acerquen más a nuestros objetivos de ventas.
2. **Motivación y Energía:**

Las metas nos brindan un sentido de propósito y dirección. Tener metas bien definidas nos motiva a esforzarnos más y a superar obstáculos cuando enfrentamos desafíos en el camino hacia el éxito.

3. **Medición del Progreso:**

Las metas medibles nos permiten evaluar nuestro progreso de manera objetiva. Al establecer hitos y métricas claras, podemos monitorear nuestro avance y ajustar nuestras estrategias según sea necesario para mantenernos en el camino correcto.

4. **Autoconfianza y Empoderamiento:**

Al establecer y alcanzar nuestras metas, construimos nuestra autoconfianza y nos sentimos empoderados. Cada logro nos impulsa a aspirar a metas aún más ambiciosas y nos ayuda a desarrollar una mentalidad de éxito.

Características de Metas Efectivas:

Específicas:

Las metas deben ser claras y específicas, describiendo exactamente lo que queremos lograr. Evita metas vagas como "aumentar las ventas" y opta por metas más definidas como "incrementar las ventas en un 20% durante el próximo trimestre".

Alcanzables:

Es importante establecer metas que sean desafiantes pero alcanzables. Considera tus recursos, habilidades y circunstancias al definir tus metas para asegurarte de que sean realistas.

Medibles:

Las metas deben ser cuantificables y medibles. Deben incluir criterios específicos que te permitan evaluar tu progreso de manera objetiva y determinar si has alcanzado tu objetivo.

Relevantes:

Las metas deben estar alineadas con tus objetivos comerciales y personales a largo plazo. Deben ser relevantes y significativas para ti y tu carrera en ventas.

Con Tiempo Definido:

Establece un plazo claro y realista para alcanzar tus metas. La definición de un marco de tiempo te ayuda a mantenerte enfocado y a priorizar tus actividades de manera efectiva.

Creando un Plan de Acción:

Una vez que hayas establecido tus metas, es crucial desarrollar un plan de acción detallado para alcanzarlas. Aquí hay algunos pasos clave a seguir:

Identifica tus Objetivos Específicos:

Desglosa tus metas generales en objetivos más específicos y alcanzables. Esto te ayudará a definir las acciones concretas que necesitas tomar para lograr tus metas.

Determina las Estrategias y Tácticas:

Identifica las estrategias y tácticas que te ayudarán a alcanzar tus objetivos. Esto puede incluir actividades de prospección, seguimiento de clientes, desarrollo de relaciones y cierre de ventas.

Asigna Recursos y Tiempo:

Identifica los recursos necesarios, como tiempo, dinero y habilidades, para llevar a cabo tus acciones planificadas. Prioriza tus tareas y asigna tiempo específico en tu agenda para trabajar hacia tus objetivos.

Establece Hitos y Fechas Límite:

Divide tu plan de acción en hitos y establece fechas límite realistas para cada uno. Esto te permite monitorear tu progreso y ajustar tu enfoque según sea necesario.

Mantén un Seguimiento Constante:

Revisa regularmente tu progreso hacia tus metas y realiza ajustes según sea necesario. Mantén un registro de tus logros y celebra cada hito alcanzado en el camino hacia el éxito.

Encuentra tu Porqué:

la motivación interna juega un papel fundamental en el éxito y la satisfacción profesional. En este capítulo, exploraremos el concepto de encontrar tu porqué en el contexto de la venta, identificando cómo descubrir tu verdadera motivación y cómo conectarla con tus objetivos profesionales. Al comprender tu porqué, podrás alimentar una motivación duradera que te impulse a superar desafíos y alcanzar tus metas de ventas con determinación y pasión.

Descubriendo tu Verdadera Motivación

Antes de sumergirte en las estrategias y tácticas de ventas, es fundamental comprender qué te impulsa a estar en este campo. Descubrir tu verdadera motivación te proporciona un anclaje emocional que te mantendrá firme en tiempos difíciles y te guiará hacia el éxito. Aquí hay algunas preguntas que puedes hacerte para explorar tu porqué:

¿Qué te inspira en la venta?

Reflexiona sobre las experiencias pasadas y los momentos en los que te sentiste más entusiasmado y comprometido con tu trabajo. Identifica las situaciones en las que te sentiste más conectado con lo que estabas haciendo y por qué esas experiencias fueron significativas para ti.

¿Cuáles son tus valores fundamentales?

Examina tus valores personales y profesionales. ¿Qué es lo más importante para ti en la vida y en tu carrera? Identifica los principios que guían tus acciones y decisiones, y cómo se relacionan con tu trabajo en ventas.

¿Qué te hace levantarte cada día?

Piensa en lo que te motiva a enfrentar los desafíos diarios de la venta. ¿Cuál es tu fuente de energía y determinación? Identifica los factores que te impulsan a seguir adelante incluso cuando las cosas se ponen difíciles.

Conectando tus Objetivos con tu Porqué

Una vez que hayas identificado tu porqué en la venta, es fundamental conectarlo con tus objetivos profesionales. Tus metas deben estar alineadas con tu motivación interna para que puedas mantener una coherencia entre lo que haces y por qué lo haces. Aquí te dejo algunas formas de conectar tus objetivos con tu porqué:

Establece metas significativas:
Define objetivos que estén en línea con tu motivación personal y profesional. ¿Cómo pueden tus metas en ventas ayudarte a avanzar hacia tu verdadero propósito?

Visualiza tus logros:
Imagina cómo se verá tu vida profesional cuando logres tus metas. Visualizar el éxito te ayudará a mantener la motivación y te recordará por qué estás trabajando tan duro en tus ventas.

Encuentra significado en tu trabajo:
Busca formas de darle sentido a tu trabajo diario. Identifica cómo tus acciones en ventas contribuyen a tus metas más grandes y a tu propósito en la vida.

Beneficios de Conectar con tu Porqué

Conectar con tu porqué en la venta tiene una serie de beneficios tangibles que pueden transformar tu carrera y tu vida profesional. Algunos de estos beneficios incluyen:

Mayor motivación y compromiso:
Al comprender tu verdadera motivación, encontrarás una fuente renovada de energía y determinación en tu trabajo diario en ventas.

Resistencia a la adversidad:
Tu porqué te brinda una base sólida que te ayudará a superar los obstáculos y desafíos que enfrentes en tu carrera. Te dará la fuerza para perseverar incluso en tiempos difíciles.

Sentido de realización personal:
Al alinear tus objetivos con tu porqué, experimentarás un sentido más profundo de satisfacción y realización en tu carrera. Sabrás que estás trabajando hacia algo que realmente importa para ti.

Celebra los Pequeños Logros:

En el arduo camino hacia el éxito en ventas, cada paso que damos, por pequeño que sea, merece reconocimiento y celebración. Este capítulo se centra en la importancia de celebrar los pequeños logros en el proceso de ventas y cómo esta práctica puede impulsar tu motivación y mejorar tu desempeño general.

Reconocimiento de los Pequeños Triunfos

Es común enfocarnos únicamente en las metas finales o los grandes hitos en nuestra carrera de ventas. Sin embargo, es esencial reconocer que cada avance, por mínimo que sea, merece ser celebrado. Desde una llamada exitosa hasta una presentación persuasiva, los pequeños logros son los bloques de construcción de un éxito duradero.

Importancia de la Celebración

Celebrar los pequeños logros tiene múltiples beneficios para tu bienestar emocional y tu rendimiento en ventas. Algunas de estas ventajas incluyen:

Motivación Incrementada:

El reconocimiento de tus logros, por modestos que sean, refuerza tu confianza y te motiva a seguir esforzándote. Esta sensación de logro te impulsa a perseverar en los momentos difíciles.

Fomento de una Actitud Positiva:

Celebrar los pequeños éxitos cultiva una mentalidad positiva y optimista. Te ayuda a mantener una perspectiva constructiva, incluso en medio de los desafíos.

Refuerzo del Progreso:

Al celebrar los pequeños logros, te das cuenta del progreso que has hecho. Esto te brinda la confianza necesaria para avanzar hacia tus metas más grandes.

Estrategias para Celebrar los Logros

Existen diversas formas de reconocer y celebrar los pequeños logros en el camino de las ventas. Algunas de estas estrategias incluyen:

Llevar un Registro de Logros:

Mantén un registro de tus éxitos diarios, ya sea en forma de lista, diario o tablero de visualización. Ver tus logros por escrito te ayudará a apreciar tu progreso y a mantenerte enfocado en tus objetivos.

Recompensas Personales:

Date pequeñas recompensas por tus logros, como un breve descanso, un capricho gastronómico o una actividad que disfrutes. Estas recompensas refuerzan tu comportamiento positivo y te dan algo que esperar después de alcanzar una meta.

Celebraciones en Equipo:

Comparte tus logros con colegas, amigos o familiares. Organiza pequeñas celebraciones o comparte tus éxitos en reuniones de equipo. El apoyo y el reconocimiento de otros fortalecen tu sentido de comunidad y pertenencia.

Manteniendo una Perspectiva Equilibrada

Es importante recordar que la celebración de los pequeños logros no significa conformarse con menos. Más bien, es una forma de reconocer tu arduo trabajo y mantenerte en el camino hacia tus metas más grandes. Mantén una perspectiva equilibrada y continúa desafiándote a ti mismo a alcanzar nuevos niveles de éxito.

Cultiva una Mentalidad Positiva:

La mentalidad positiva es un atributo esencial para cualquier vendedor que busque alcanzar el éxito en el competitivo mundo de las ventas. En este capítulo, exploraremos cómo cultivar una mentalidad positiva puede influir significativamente en tu desempeño y en tus resultados en el campo de las ventas.

¿Qué es una Mentalidad Positiva?

Una mentalidad positiva no significa ignorar los desafíos o negar la realidad. Más bien, se trata de adoptar una actitud optimista y proactiva frente a las circunstancias, enfocándote en las soluciones en lugar de los problemas. Se trata de desarrollar una perspectiva que te permita ver oportunidades incluso en medio de los obstáculos.

La Importancia de la Gratitud

La gratitud es una de las piedras angulares de una mentalidad positiva. Reconocer y apreciar las bendiciones y los éxitos, por pequeños que sean, nos ayuda a mantener una actitud de abundancia y satisfacción. Practicar la gratitud diariamente puede transformar nuestra forma de ver el mundo y aumentar nuestra felicidad y bienestar general.

Enfocarse en lo Positivo

La clave para cultivar una mentalidad positiva es enfocarse en lo positivo en todas las situaciones. Esto implica aprender a ver el lado bueno de las cosas, incluso cuando enfrentamos desafíos o contratiempos. En lugar de centrarse en lo que falta o lo que salió mal, es importante buscar lecciones aprendidas y oportunidades de crecimiento en cada experiencia.

Transformando los Desafíos en Oportunidades

Una mentalidad positiva nos permite ver los desafíos como oportunidades para crecer y aprender. En lugar de sucumbir al miedo o la desesperación cuando enfrentamos dificultades, podemos adoptar una mentalidad de resiliencia y determinación. Esto nos permite enfrentar los obstáculos con confianza y encontrar soluciones creativas para superarlos.

Manteniendo la Motivación

Una mentalidad positiva también juega un papel crucial en mantener alta nuestra motivación. Cuando adoptamos una actitud optimista, somos más propensos a mantenernos enfocados en nuestros objetivos y perseverar a pesar de los contratiempos. La motivación intrínseca, alimentada por una mentalidad positiva, es mucho más duradera y poderosa que la motivación externa.

Prácticas para Cultivar una Mentalidad Positiva

- **Practica la Gratitud Diaria:** Toma un momento cada día para reflexionar sobre las cosas por las que estás agradecido. Esto puede ser desde pequeños logros hasta las relaciones significativas en tu vida.
- **Visualiza el Éxito:** Dedica tiempo a visualizar tus objetivos alcanzados y cómo te sentirás cuando los logres. La visualización positiva puede ayudarte a mantener una mentalidad enfocada y positiva.
- **Rodeate de Personas Positivas:** La energía y actitudes de las personas que te rodean pueden influir en tu propia mentalidad. Busca compañeros y mentores que compartan una mentalidad positiva y te apoyen en tu crecimiento personal y profesional.
- **Encuentra el Propósito en tu Trabajo:** Conecta tus actividades diarias con un propósito más amplio. Identifica cómo tu trabajo en ventas contribuye a tus metas personales y profesionales, lo que te ayudará

a mantener una perspectiva positiva incluso en los momentos difíciles.

Cultivar una mentalidad positiva requiere práctica y compromiso, pero los beneficios son invaluables. Al adoptar una actitud optimista y enfocada en soluciones, no solo mejorarás tu desempeño en las ventas, sino que también experimentarás una mayor satisfacción y bienestar en todos los aspectos de tu vida.

Desarrollando la Resiliencia

Acepta el Fracaso como Parte del Proceso:

Como en cualquier otra área de la vida, el fracaso es una realidad inevitable. Sin embargo, la forma en que interpretamos y respondemos al fracaso puede marcar la diferencia entre el éxito y el estancamiento. En este capítulo, exploraremos la importancia de aceptar el fracaso como parte del proceso de crecimiento y desarrollo en el contexto de las ventas.

Comprender el Fracaso como una Oportunidad de Aprendizaje

El fracaso puede ser desalentador, pero también puede ser una valiosa fuente de aprendizaje. Al enfrentar desafíos y fracasos, los vendedores tienen la oportunidad de reflexionar sobre lo que salió mal, identificar áreas de mejora y desarrollar nuevas estrategias para el futuro. Es importante entender que el fracaso no es el fin del camino, sino simplemente un obstáculo en el camino hacia el éxito.

Aprender de los Errores

Cada error cometido en el proceso de ventas presenta una oportunidad invaluable para el crecimiento personal y profesional. Es fundamental analizar cada fracaso con detenimiento, identificar las causas subyacentes y extraer lecciones útiles que puedan aplicarse en el futuro. Los vendedores deben preguntarse: ¿Qué puedo aprender de esta experiencia? ¿Qué puedo hacer de manera diferente la próxima vez?

Desarrollar Resiliencia

La resiliencia es la capacidad de adaptarse y recuperarse rápidamente de las adversidades. En el contexto de las ventas, los vendedores deben desarrollar una mentalidad resiliente que les permita enfrentar el fracaso con determinación y optimismo. Esto implica mantener una actitud positiva, incluso en los momentos más difíciles, y mantener el enfoque en los objetivos a largo plazo.

Superar el Miedo al Fracaso

El miedo al fracaso puede paralizar a los vendedores y obstaculizar su progreso. Sin embargo, es importante entender que el fracaso es una parte natural del proceso de aprendizaje y crecimiento. Al aceptar el fracaso como una posibilidad y estar preparados para enfrentarlo, los vendedores pueden liberarse del miedo paralizante y adoptar una actitud más proactiva hacia los desafíos.

Convertir el Fracaso en Éxito

Uno de los aspectos más poderosos del fracaso es su capacidad para catalizar el éxito futuro. Muchos de los emprendedores y líderes más exitosos han experimentado fracasos significativos en sus carreras, pero han utilizado esas experiencias como trampolín para el éxito. Al aprender a convertir el fracaso en una oportunidad para el crecimiento y la mejora, los vendedores pueden alcanzar nuevos niveles de éxito en su carrera.

Cultiva la Autoconfianza:

La autoconfianza es un pilar fundamental para el éxito en cualquier campo, y las ventas no son la excepción. En este capítulo, exploraremos la importancia de cultivar la autoconfianza como vendedor y cómo esta cualidad puede influir positivamente en tu desempeño y resultados.

Reconociendo la Importancia de la Autoconfianza

La autoconfianza es la creencia en tus propias habilidades, capacidades y valía como individuo. En el contexto de las ventas, la confianza en uno mismo es crucial para establecer conexiones auténticas con los clientes, superar obstáculos y cerrar acuerdos con éxito. Cuando confías en ti mismo, transmites seguridad y credibilidad a los demás, lo que puede influir positivamente en la percepción que tienen tus clientes sobre ti y tu oferta.

Reconociendo tus Fortalezas y Logros Pasados

Una forma clave de cultivar la autoconfianza es reconocer y valorar tus fortalezas y logros pasados. Tómate el tiempo para reflexionar sobre tus éxitos anteriores, los desafíos que has superado y las habilidades que has desarrollado en el camino. Al reconocer tus capacidades y logros, fortaleces tu confianza en ti mismo y te preparas para enfrentar nuevos desafíos con determinación y optimismo.

Visualización Positiva

La visualización positiva es una técnica poderosa que puede ayudarte a fortalecer tu autoconfianza. Dedica tiempo a visualizarte a ti mismo alcanzando tus metas y teniendo éxito en tus objetivos de ventas. Imagina cada detalle de tu éxito: cómo te sientes, cómo te ves y cómo reaccionan tus clientes. La visualización positiva te ayuda a programar tu mente para el éxito y a generar una actitud positiva hacia tus capacidades y posibilidades.

Desarrollando una Actitud Positiva

Mantener una actitud positiva es esencial para cultivar la autoconfianza. Enfócate en lo positivo, incluso en medio de los desafíos y contratiempos. Aprende a ver los obstáculos como oportunidades de crecimiento y desarrollo en lugar de barreras insuperables. Una actitud positiva te ayuda a mantener la motivación y la determinación incluso en los momentos más difíciles.

Aceptando y Aprendiendo de los Fracasos

Parte de cultivar la autoconfianza implica aceptar que los fracasos son parte natural del proceso de aprendizaje y crecimiento. En lugar de permitir que los fracasos minen tu confianza, utilízalos como oportunidades para aprender y crecer. Reconoce que incluso los vendedores más exitosos enfrentan reveses en el camino y que cada fracaso te acerca un paso más al éxito si aprendes de él.

Construyendo una Red de Apoyo

Contar con una red de apoyo sólida puede ser fundamental para mantener y fortalecer tu autoconfianza. Busca el apoyo de colegas, mentores y amigos que puedan brindarte aliento, orientación y perspectiva cuando enfrentes desafíos. Compartir experiencias y recibir retroalimentación constructiva puede ayudarte a ganar perspectiva y renovar tu confianza en ti mismo.

Busca Apoyo y Orientación:

Buscar apoyo y orientación es una estrategia fundamental para alcanzar el éxito y superar los desafíos que puedan surgir en el camino. En este capítulo, exploraremos la importancia de reconocer cuándo necesitas ayuda, cómo buscarla y los beneficios que puede aportar a tu desarrollo profesional y personal.

Reconociendo la Importancia del Apoyo

En ocasiones, enfrentamos situaciones en las que nuestras habilidades y conocimientos no son suficientes para resolver un problema o superar un obstáculo. En esos momentos, buscar ayuda externa es una señal de fortaleza y madurez profesional, no de debilidad. Reconocer que necesitas apoyo es el primer paso hacia el crecimiento y la superación.

Fuentes de Apoyo y Orientación

Existen diversas fuentes de apoyo y orientación a las que puedes recurrir en momentos de necesidad. Entre ellas se incluyen colegas de trabajo, mentores, coaches profesionales, grupos de networking y recursos en línea. Cada una de estas fuentes puede proporcionarte perspectivas valiosas, consejos prácticos y un sentido de comunidad que te ayudará a enfrentar los desafíos con mayor confianza y determinación.

Colegas de Trabajo

Tus colegas de trabajo, especialmente aquellos con más experiencia en el campo de las ventas, pueden ser una fuente invaluable de apoyo y orientación. Compartir experiencias, ideas y estrategias con ellos puede brindarte nuevas perspectivas y soluciones innovadoras a los desafíos que enfrentas en tu día a día. Además, trabajar en equipo puede generar un sentido de camaradería y colaboración que fortalecerá el ambiente laboral y fomentará el crecimiento mutuo.

Mentores

Los mentores son individuos con experiencia y conocimientos en el área de las ventas que están dispuestos a compartir su sabiduría y brindarte orientación personalizada. Un mentor puede ofrecerte consejos específicos sobre cómo abordar situaciones difíciles, desarrollar tus habilidades y avanzar en tu carrera. Busca a alguien que admire, confíe en su experiencia y esté dispuesto a invertir tiempo y energía en tu crecimiento profesional.

Coaches Profesionales

Los coaches profesionales son expertos en desarrollo personal y profesional que pueden ayudarte a identificar tus fortalezas, superar tus limitaciones y alcanzar tus objetivos en ventas. Trabajar con un coach te brinda la oportunidad de recibir retroalimentación honesta y constructiva, establecer metas claras y diseñar un plan de acción efectivo para lograr resultados tangibles.

Grupos de Networking

Participar en grupos de networking te brinda la oportunidad de conectarte con otros profesionales de ventas, compartir experiencias y aprender de las experiencias de los demás. Estos grupos pueden ser espacios seguros donde puedas expresar tus preocupaciones, recibir consejos prácticos y establecer relaciones significativas que te apoyen en tu desarrollo profesional a largo plazo.

Recursos en Línea

En la era digital, existen numerosos recursos en línea disponibles para los profesionales de ventas que buscan apoyo y orientación. Desde blogs y podcasts hasta webinars y foros de discusión, estos recursos ofrecen una gran cantidad de información, consejos y mejores prácticas que puedes aplicar en tu carrera. Investiga y aprovecha los recursos disponibles en línea para ampliar tus conocimientos y habilidades en ventas.

Cuida tu Bienestar Físico y Emocional:

En el exigente mundo de las ventas, donde las demandas son constantes y la presión es palpable, cuidar tu bienestar físico y emocional es fundamental para mantener un rendimiento óptimo y una salud integral. En este capítulo, exploraremos la importancia de priorizar tu bienestar y ofreceremos estrategias prácticas para mantener un equilibrio saludable entre tus responsabilidades laborales y tu salud personal.

Reconociendo la Importancia del Bienestar

Tu bienestar físico y emocional juega un papel crucial en tu capacidad para desempeñarte en tu trabajo y en tu vida en general. Una buena salud física y emocional te proporciona la energía, la claridad mental y la resiliencia necesarias para enfrentar los desafíos diarios con confianza y determinación.

Priorizando el Sueño y la Descanso

El sueño es un aspecto fundamental del bienestar físico y emocional. La falta de sueño puede afectar negativamente tu concentración, tu toma de decisiones y tu estado de ánimo, lo que puede repercutir en tu desempeño laboral. Prioriza dormir lo suficiente cada noche y establece rutinas para mejorar la calidad de tu sueño.

Nutrición y Alimentación Saludable

Una alimentación equilibrada y nutritiva es esencial para mantener un cuerpo sano y una mente alerta. Prioriza una dieta rica en frutas, verduras, proteínas magras y grasas saludables. Evita los alimentos procesados y las bebidas azucaradas, que pueden afectar tu energía y tu estado de ánimo a largo plazo.

Incorporando el Ejercicio Regularmente

El ejercicio físico no solo fortalece tu cuerpo, sino que también beneficia tu salud mental y emocional. Encuentra actividades que disfrutes y que se ajusten a tu estilo de vida, ya sea correr, practicar yoga, nadar o caminar. El ejercicio regular no solo te ayuda a mantenerte en forma, sino que también reduce el estrés y mejora tu estado de ánimo.

Prácticas de Relajación y Gestión del Estrés

El estrés es una parte inevitable de la vida, pero es importante aprender a gestionarlo de manera efectiva. Dedica tiempo a prácticas de relajación como la meditación, la respiración profunda o el mindfulness. Estas técnicas te ayudarán a reducir la ansiedad, mejorar tu concentración y promover un estado de calma interior.

Estableciendo Límites y Prioridades

Aprender a establecer límites claros entre el trabajo y la vida personal es fundamental para mantener tu bienestar. Define tus prioridades y asigna tiempo para actividades fuera del trabajo que te brinden alegría y satisfacción. Esto te ayudará a recargar energías y a mantener un equilibrio saludable entre tus responsabilidades laborales y personales.

Buscando Apoyo Profesional y Emocional

No tengas miedo de buscar ayuda profesional si sientes que estás luchando con tu bienestar emocional. Los terapeutas, consejeros o coaches pueden brindarte el apoyo y las herramientas necesarias para gestionar el estrés, superar desafíos emocionales y mejorar tu bienestar general.

En este capítulo, exploraremos los pilares fundamentales que componen el acrónimo DATA: Disciplina, Autogestión, Talento y Amor. Estos conceptos son esenciales para alcanzar el éxito en la vida y especialmente en el ámbito de las ventas. Profundicemos en cada uno de estos componentes y su importancia en el desarrollo personal y profesional.

Disciplina 30%

La disciplina es un factor determinante para alcanzar el éxito y sobresalir en el mercado. Exploraremos en detalle la importancia de la disciplina en el contexto de las ventas y cómo puede impulsar tus resultados de manera significativa.

¿Qué es la Disciplina en las Ventas?

La disciplina en las ventas se refiere a la capacidad de mantener el enfoque, la consistencia y la dedicación en la ejecución de las actividades de venta. Implica seguir un plan estratégico, cumplir con los plazos establecidos, y mantener una actitud proactiva y perseverante ante los desafíos que puedan surgir en el proceso de venta.

Cumplimiento de Rutinas y Procesos

La disciplina se manifiesta en el cumplimiento riguroso de rutinas y procesos. Esto incluye la planificación diaria de actividades, la prospección de clientes de manera constante, el seguimiento de leads, la preparación de presentaciones y el seguimiento postventa. Mantener estas rutinas garantiza un flujo constante de trabajo y maximiza las oportunidades de cierre de ventas.

Gestión del Tiempo y Prioridades

La disciplina también se relaciona con la gestión efectiva del tiempo y la priorización de tareas. Los vendedores disciplinados identifican las actividades más importantes y urgentes y asignan tiempo y recursos adecuados para completarlas con éxito. Esto implica establecer metas claras y realistas, y trabajar de manera eficiente para alcanzarlas en el tiempo previsto.

Persistencia y Resiliencia

La disciplina va de la mano con la persistencia y la resiliencia en las ventas. Los vendedores disciplinados no se desaniman ante el rechazo o la adversidad. En lugar de rendirse frente a los obstáculos, persisten con determinación y buscan nuevas estrategias para superar los desafíos. La resiliencia les permite adaptarse a las circunstancias cambiantes y mantenerse enfocados en sus objetivos a largo plazo.

Construcción de Hábitos Productivos

La disciplina en las ventas también implica la construcción de hábitos productivos. Esto incluye la práctica regular de habilidades de ventas, el estudio del mercado y la competencia, el desarrollo personal y profesional, y la búsqueda constante de oportunidades de aprendizaje y crecimiento. Al convertir estas actividades en hábitos, los vendedores pueden maximizar su efectividad y su impacto en el mercado.

Control del Estrés y la Presión

Los vendedores disciplinados son capaces de controlar el estrés y la presión inherentes al entorno de ventas. Mantienen la calma y la compostura incluso en situaciones desafiantes, lo que les permite tomar decisiones informadas y mantener relaciones positivas con los clientes y colegas.

Autogestión 20%

La autogestión es un aspecto fundamental para cualquier persona que busque el éxito en el mundo de las ventas. Acá exploraremos en detalle el concepto de autogestión y su relevancia para impulsar los resultados en el ámbito de las ventas. Aprenderemos cómo la autogestión puede marcar la diferencia entre un vendedor promedio y uno excepcional.

¿Qué es la Autogestión?

La autogestión se refiere a la habilidad de dirigir y regular nuestras propias emociones, pensamientos y comportamientos de manera efectiva. Implica ser conscientes de nuestras fortalezas y debilidades, así como de nuestras metas y objetivos. La autogestión nos permite tomar el control de nuestra vida y dirigirnos hacia el éxito de manera proactiva.

Importancia de la Autogestión en las Ventas

En el competitivo mundo de las ventas, la autogestión juega un papel crucial en el desempeño y el éxito de un vendedor. Aquí hay algunas razones clave por las que la autogestión es esencial:

Control del Estrés:

El entorno de ventas puede ser estresante y desafiante. Los vendedores están constantemente bajo presión para alcanzar objetivos y cumplir con las expectativas. La autogestión nos permite manejar el estrés de manera efectiva, manteniendo la calma y la claridad mental incluso en situaciones difíciles.

Resiliencia:

La capacidad de recuperarse rápidamente de los contratiempos es fundamental en las ventas. Los rechazos y las objeciones son parte del juego, y la autogestión nos ayuda a mantenernos enfocados en nuestros objetivos a pesar de los desafíos. Nos permite aprender de nuestras experiencias y seguir adelante con determinación.

Enfoque en Resultados:

Los vendedores exitosos son aquellos que pueden mantener un enfoque constante en los resultados deseados. La autogestión nos ayuda a mantenernos centrados en nuestros objetivos y a tomar las acciones necesarias para alcanzarlos. Nos permite establecer prioridades, organizar nuestro tiempo de manera eficiente y mantenernos enfocados en las actividades que generan resultados.

Adaptabilidad:

En un entorno empresarial en constante cambio, la capacidad de adaptarse es esencial. La autogestión nos permite ser flexibles y ajustar nuestras estrategias según las necesidades del mercado y las preferencias del cliente. Nos ayuda a identificar oportunidades emergentes y a aprovecharlas al máximo.

Mejora Continua:

La autogestión nos impulsa a buscar constantemente formas de crecer y mejorar. Nos motiva a buscar retroalimentación, aprender nuevas habilidades y expandir nuestro conocimiento en el campo de las ventas. Nos permite identificar áreas de desarrollo y trabajar en ellas de manera proactiva.

Prácticas para Mejorar la Autogestión

Ahora que entendemos la importancia de la autogestión, aquí hay algunas prácticas que pueden ayudarnos a mejorar nuestras habilidades en este aspecto:

Autoconciencia: Dedica tiempo a reflexionar sobre tus emociones, pensamientos y comportamientos. Sé consciente de tus fortalezas y debilidades, así como de tus reacciones ante diferentes situaciones.

Desarrollo de Habilidades: Identifica las áreas en las que puedes mejorar y trabaja en desarrollar habilidades que te ayuden a ser más efectivo en tu trabajo.

Gestión del Tiempo: Aprende a priorizar tareas y a gestionar tu tiempo de manera eficiente. Establece metas claras y utiliza técnicas de planificación para organizar tu día.

Resolución de Problemas: Afronta los desafíos con una mentalidad positiva y proactiva. Busca soluciones creativas y efectivas para superar los obstáculos que puedan surgir en tu camino.

Autocontrol: Aprende a manejar tus emociones y a mantener la calma en situaciones estresantes. Practica la respiración profunda y la meditación para ayudarte a mantener la serenidad en momentos de presión.

Talento 10%

El talento juega un papel fundamental en el éxito de un profesional. En este capítulo, exploraremos en profundidad el concepto de talento y su importancia en el ámbito de las ventas. Descubriremos cómo identificar, desarrollar y aprovechar al máximo el talento individual para alcanzar resultados extraordinarios.

¿Qué es el Talento?

El talento se refiere a las habilidades innatas, capacidades naturales y destrezas que una persona posee de forma inherente. En el contexto de las ventas, el talento puede manifestarse de diversas maneras, desde la capacidad de comunicación efectiva hasta la habilidad para establecer relaciones sólidas con los clientes.

Identificación del Talento

Para maximizar el potencial en ventas, es crucial identificar y comprender el talento personal. Esto implica reflexionar sobre nuestras fortalezas, habilidades y áreas de interés. Algunas preguntas que pueden ayudar en este proceso incluyen:

- ¿En qué áreas destacas naturalmente?
- ¿Qué tareas o actividades disfrutas y te resultan más fáciles?
- ¿Qué elogios o comentarios recibes con frecuencia de tus colegas o clientes?

La autoevaluación y la retroalimentación de otros pueden proporcionar insights valiosos sobre nuestro talento y potencial en ventas.

Desarrollo del Talento en Ventas

Una vez identificado el talento, es crucial desarrollarlo y perfeccionarlo continuamente. Esto implica invertir tiempo y esfuerzo en el aprendizaje y la mejora constante. Algunas estrategias para desarrollar el talento en ventas incluyen:

1. **Formación y Capacitación:** Participar en programas de formación y capacitación específicos para el desarrollo de habilidades

en ventas puede ayudar a mejorar el rendimiento y la efectividad.

2. **Mentoría y Coaching:** Buscar la orientación de profesionales experimentados en ventas puede proporcionar perspectivas únicas y consejos prácticos para el crecimiento personal y profesional.

3. **Práctica Continua:** La práctica regular y la experiencia en situaciones reales de ventas son fundamentales para perfeccionar las habilidades y adquirir confianza en el campo.

Habilidades Clave para el Éxito en Ventas

Existen varias habilidades clave que son fundamentales para el éxito en ventas y que están estrechamente relacionadas con el talento:

- **Comunicación efectiva:** La capacidad para comunicarse claramente y persuadir a los clientes es esencial en ventas.

- **Empatía:** La capacidad para comprender las necesidades y preocupaciones del cliente y mostrar empatía hacia ellos es crucial para establecer relaciones sólidas.

- **Resolución de problemas:** Los vendedores talentosos son hábiles para identificar y resolver los problemas y obstáculos que puedan surgir durante el proceso de ventas.

- **Habilidades de negociación:** La capacidad para negociar términos y condiciones de manera efectiva y llegar a acuerdos mutuamente beneficiosos es esencial en ventas.

Importancia del Talento en el Éxito en Ventas

El talento en ventas es un factor determinante para lograr resultados excepcionales. Aunque la experiencia y el conocimiento son importantes, el talento natural proporciona una base sólida sobre la cual construir y prosperar en la profesión de ventas. Aprovechar al máximo nuestro talento nos permite destacarnos en un mercado competitivo y superar las expectativas de los clientes.

Amor 40%

amor y pasión por lo que haces en el contexto de las ventas. La pasión es un elemento clave que impulsa el éxito en cualquier área de la vida, incluido el mundo de las ventas. Profundicemos en cómo el amor y la pasión pueden marcar la diferencia en tu desempeño y resultados en ventas.

La Esencia del Amor y la Pasión en las Ventas

El amor y la pasión son motores poderosos que impulsan la dedicación, la persistencia y la excelencia en cualquier actividad, incluidas las ventas. Cuando amas lo que haces y estás apasionado por ello, tu trabajo deja de ser una simple tarea y se convierte en una fuente de inspiración y satisfacción.

Conexión con el Propósito

Cuando sientes amor y pasión por lo que haces en ventas, encuentras un profundo significado y propósito en tu trabajo. Te comprometes a servir a tus clientes de la mejor manera posible, porque te importa genuinamente su bienestar y éxito. Esta conexión con un propósito más grande te impulsa a esforzarte por superar obstáculos y alcanzar tus metas.

Energía y Entusiasmo

El amor y la pasión infunden energía y entusiasmo en tu trabajo diario. Te levantas cada mañana con un sentido de anticipación y emoción por las oportunidades que el día puede traer. Esta energía positiva te ayuda a enfrentar los desafíos con determinación y optimismo, lo que a su vez te hace más atractivo para tus clientes y colegas.

Resiliencia y Persistencia

La pasión y el amor te brindan la resiliencia y la persistencia necesarias para superar los momentos difíciles en ventas. Cuando te enfrentas a rechazos o contratiempos, tu amor por lo que haces te impulsa a seguir adelante y buscar nuevas formas de abordar los desafíos. Te permite aprender de las experiencias negativas y convertirlas en oportunidades de crecimiento y desarrollo.

Inspiración para los Clientes

Tu pasión y amor por lo que haces son contagiosos y pueden inspirar a tus clientes. Cuando transmites entusiasmo y dedicación en tus interacciones con ellos, generas confianza y credibilidad. Tus clientes pueden sentir tu autenticidad y compromiso, lo que fortalece la relación y aumenta las posibilidades de éxito en las ventas.

Manteniendo la Pasión Viva

Es importante cultivar y nutrir tu pasión y amor por las ventas de manera continua. Esto implica buscar nuevas oportunidades de aprendizaje y crecimiento, rodearte de personas inspiradoras y recordar constantemente tus motivaciones y metas personales y profesionales.

Conclusión

En resumen, la integración de los principios de Disciplina, Autogestión, Talento y Amor (DATA) es fundamental para alcanzar el éxito en cualquier aspecto de la vida, incluida la carrera en ventas. Al cultivar la disciplina, gestionar nuestras emociones, desarrollar nuestros talentos y actuar con amor y pasión, podemos alcanzar nuestros objetivos más ambiciosos y construir vidas significativas y satisfactorias. Es a través de la aplicación constante de estos principios que podemos alcanzar nuestro máximo potencial y dejar una huella positiva en el mundo.

y

10 BONUS: LA ACTITUD

Conocimiento + Experiencia x Actitud = Resultados

La actitud en la búsqueda del éxito en la vida, incluyendo el ámbito de las ventas. Aprenderemos cómo la actitud puede multiplicar tus resultados y marcar una diferencia significativa en tu trayectoria profesional y personal.

El Rol Fundamental de la Actitud

La actitud es la disposición mental y emocional con la que enfrentamos las circunstancias y desafíos de la vida. Es un factor determinante que influye en nuestra percepción, comportamiento y resultados en todas las áreas.

Conocimiento y Experiencia como Cimientos

El conocimiento y la experiencia son pilares importantes para el éxito en cualquier campo, incluido el de las ventas. El conocimiento te proporciona la base teórica y técnica, mientras que la experiencia te brinda la sabiduría práctica y la perspectiva necesaria para tomar decisiones informadas.

Multiplicando Resultados con la Actitud

La actitud es el factor multiplicador que potencia los resultados obtenidos a partir del conocimiento y la experiencia. Es la chispa que enciende el fuego del éxito y transforma los desafíos en oportunidades de crecimiento y superación.

La Actitud como Diferenciador

En un mundo competitivo como el de las ventas, la actitud positiva y proactiva puede marcar la diferencia entre el éxito y el fracaso. Una actitud positiva te permite enfrentar los contratiempos con resiliencia, buscar soluciones creativas y mantener la motivación incluso en los momentos más difíciles.

La Actitud como Motor de Resiliencia

La resiliencia, la capacidad de recuperarse de las adversidades, está estrechamente ligada a la actitud. Una actitud positiva y optimista te ayuda a mantener la calma y la claridad mental frente a los desafíos, permitiéndote encontrar soluciones efectivas y seguir adelante con determinación.

La Actitud como Generadora de Confianza

Una actitud positiva inspira confianza en ti mismo y en los demás. Cuando muestras una actitud segura y optimista, transmites credibilidad y profesionalismo, lo que fortalece tus relaciones con clientes, colegas y líderes.

Desarrollando una Actitud Ganadora

Cultivar una actitud positiva y proactiva requiere práctica y compromiso. Implica adoptar una mentalidad de crecimiento, enfocarte en lo que puedes controlar y mantener una actitud de gratitud y optimismo incluso en los momentos difíciles.

La Actitud como Elección

Es importante recordar que la actitud es una elección consciente que podemos tomar en cualquier momento. A pesar de las circunstancias externas, tenemos el poder de elegir cómo respondemos y enfrentamos los desafíos que se presentan en nuestro camino.

ACERCA DEL AUTOR

Camilo Franco es un apasionado Ingeniero de Producción egresado de la reconocida Universidad EAFIT. Su inquietud por comprender y potenciar los aspectos comerciales lo llevó a emprender un viaje de conocimiento que lo llevó A Estudiar una sobre este aspecto estudio en la Universidad ISEAD, donde obtuvo su Magíster en Dirección Comercial y Marketing.

Con una trayectoria diversa y en constante evolución, Camilo ha explorado diversas áreas dentro del entramado organizacional, desempeñándose con excelencia en cada una de ellas. Sin embargo, fue en el ámbito del mercadeo y las ventas donde encontró su verdadera pasión y donde ha dejado una huella significativa.

A lo largo de los años, Camilo ha ocupado roles de liderazgo en diferentes empresas, destacándose por su visión estratégica, su capacidad para identificar oportunidades y su habilidad para liderar equipos hacia el éxito. Su experiencia práctica se complementa con una labor académica destacada, siendo profesor en distintas universidades como EAFIT y NEXUS, donde comparte su vasto conocimiento y sus experiencias con las nuevas generaciones de profesionales.

Su enfoque centrado en el cliente, su capacidad para inspirar y motivar, así como su profundo conocimiento del mercado, hacen que tenga una combinación única de experiencia práctica, formación académica y pasión por el desarrollo humano, Camilo Franco continúa dejando una marca indeleble en el mundo de las ventas y el liderazgo, inspirando a otros a alcanzar su máximo potencial y a superar cualquier desafío que se les presente.